Jörg Frehmann

Der überzeugende persönliche Auftritt

Jörg Frehmann

Der überzeugende persönliche Auftritt

Leitfaden für professionelles und authentisches Verhalten

GABLER

Bibliografische Information der Deutschen Nationalbibliothek
Die Deutsche Nationalbibliothek verzeichnet diese Publikation in der
Deutschen Nationalbibliografie; detaillierte bibliografische Daten sind im Internet über
<http://dnb.d-nb.de> abrufbar.

1. Auflage 2010

Lektorat: Irene Buttkus

Gabler Verlag ist eine Marke von Springer Fachmedien.
Springer Fachmedien ist Teil der Fachverlagsgruppe Springer Science+Business Media.
www.gabler.de

Umschlaggestaltung: KünkelLopka Medienentwicklung, Heidelberg

Gedruckt auf säurefreiem und chlorfrei gebleichtem Papier

ISBN 978-3-8349-2251-9

Vorwort

Manche Menschen träumen von großen Leistungen, andere vollbringen sie! Beides ist okay. Die Frage ist nur, welche Rolle Sie spielen wollen: Träumer oder Macher? Als Träumer lässt es sich gut leben, denn Träumer sind kreativ, begeisterungsfähig und leidenschaftlich. Wenn das für Sie zutrifft, Sie sich wohlfühlen und nicht mehr vom Leben wollen, gratuliere ich Ihnen. Sie haben Ihr Ziel erreicht und Sie können dieses Buch guten Gewissens beiseitelegen.

Sind Sie aber ein Macher oder möchten Sie ein Macher sein, der nicht mehr nur träumt, dann sind Sie als Leser goldrichtig. Übrigens haben Sie schon etwas Wichtiges gemacht: Sie haben sich dieses Buch gekauft, weil Sie einen Wunsch und ein Ziel damit verfolgen: Sie wollen erfolgreicher sein. Was immer Erfolg für Sie bedeutet und wie weit die Reise gehen soll, dieses Buch kann die Initialzündung für Sie sein. Herzlichen Glückwunsch und herzlich willkommen!

Dieses Buch ist alles andere als eine Tschaka-Bibel. Tschaka bedeutet: Sie nehmen unreflektiert das auf, was ich Ihnen über viele Seiten einhämmere. Das funktioniert bis zu einem gewissen Grade. Genau das ist es nicht. Genau das will ich nicht. Genau das widerspricht meiner Einstellung.

Dieses Buch lebt alleine durch Sie! Mein Wissen, meine Ideen und meine Tipps sollen Sie anregen, über sich selbst mehr nachzudenken. Bevor es ans Eingemachte geht, dreht sich der erste Teil dieses Buches um Ihre Einstellung. Erfolg fängt im Innern an. Und in unserem Inneren spielt sich eine Menge ab. Darauf will ich Ihr Augenmerk lenken und Sie für viele Teile Ihrer Persönlichkeit sensibilisieren. Ich will Sie motivieren nachzudenken, damit das Nachdenken Sie selbst motiviert.

Im zweiten und dritten Teil lernen Sie alle wichtigen und entscheidenden Wirkelemente kennen, die Ihre Schokoladenseite ausmachen.

Mein Ziel ist es, Ihnen mit diesem Buch die unterschiedlichen Aspekte aufzuzeigen, die aus Ihrem Auftritt einen erfolgreichen Auftritt machen. Nicht alles ist stets gleich wichtig. Deshalb können Sie dieses Buch auch querlesen. Es ist nicht notwendig, systematisch von vorne nach hinten zu lesen. Nehmen Sie sich Zeit für dieses Buch. Es ist keine 30-Minuten-Lektüre, die Sie nebenbei mitnehmen können. Und nun viel Spaß beim Entdecken Ihrer Möglichkeiten.

Essen, im Februar 2010   Ihr

                                                                  Jörg Frehmann

Inhalt

Einleitung:
Zeigen Sie ab sofort
Ihre Schokoladenseite!

Ihre Schokoladenseite ist Ihr Erfolgsgarant. Und jeder von Ihnen hat eine Schokoladenseite. Aber was ist die Schokoladenseite und was genau zeichnet sie aus?

Ihre Schokoladenseite zeigen Sie immer dann, wenn Sie authentisch wirken und dabei überzeugend sind. Authentisch wirken Sie, wenn Ihre Einstellung sich in Ihrem Verhalten widerspiegelt. Authentisch sein bedeutet echt zu sein, sich treu zu sein und dies offen und ehrlich zu zeigen. Das kann positiv wie negativ sein. Ein Redner, der unsicher wirkt, weil er unsicher ist, ist zumindest authentisch. Auch wenn er nicht überzeugend ist. Besser ist es natürlich, wenn Sie durch Ihren authentischen und sicheren Auftritt überzeugen. Und genau dies ist Ihre Schokoladenseite: Sie spielen authentisch die positiven Seiten Ihrer Persönlichkeit aus, überzeugen dadurch andere Menschen und gewinnen sie für Ihr Anliegen.

Überzeugen können Sie auf unterschiedliche Weise, je nachdem, welches Ziel Sie verfolgen. Wollen Sie andere Menschen motivieren, begeistern, faszinieren oder für sich gewinnen? Dann überzeugen Sie sie!

Nun werden Sie einwenden, dass es nicht immer darum geht, als Person zu überzeugen. Seien Sie mir nicht böse, wenn ich Sie jetzt schon vor den Kopf stoße: Doch! Es geht immer nur darum. Wenn Sie Ihr Produkt, also beispielsweise eine Idee, ein Konzept oder eine Dienstleistung verkaufen wollen, hängt der Erfolg maßgeblich von Ihnen ab. Sie hauchen jedem Produkt erst das notwendige Leben ein. Menschen überzeugen Menschen! Produkte sind das Spielmaterial.

Es geht also um Sie. Wenn Sie Ihre Schokoladenseite zeigen wollen, gehört dazu die entsprechende Einstellung. Ohne diese können Sie Ihre persönlichen Stärken und Potenziale nicht erfolgreich ausschöpfen.

Ferner ist es wichtig, dass Sie Ihre Schokoladenseite auch gezielt zeigen und präsentieren. Rücken Sie sich ins richtige Licht. Inszenieren Sie sich selbst. Zeigen Sie Ihre Rundungen, aber auch Ihre Ecken und Kanten. Seien Sie mutig. Sie sollen nicht alle Facetten Ihrer Persönlichkeit zeigen und ausspielen, sondern diejenigen, die sie Ihren Zielen näherbringen. Haben Sie sich schon einmal gefragt, warum eine Person erfolgreich ist, obwohl sie doch so wenig Fachkompetenz besitzt? Und haben Sie sich ebenfalls gefragt, warum es hochkompetente Menschen gibt, die nichts verkaufen? Ich komme darauf im Kapitel „Ihre Darstellung wirkt" zurück. Lassen Sie uns zunächst schauen, wie Ihre Einstellung wirkt.

1. Ihre Einstellung wirkt

Durch die Forschung wissen wir inzwischen, dass es viele Eigenschaften gibt, die uns genetisch angeboren sind. Dies heißt jedoch nicht, dass wir Opfer unserer Gene sind und wir uns nicht verändern können. Sicherlich hat jeder von uns seine Grenzen der Entwicklung und Entfaltung; innerhalb dieser Grenzen ist dennoch vieles möglich.

Unsere Einstellung ist das Spiegelbild unserer Überzeugungen und Glaubenssätze, die wir selbst entwickelt haben. Nur sind diese nicht allein Produkte unserer eigenen Gedankengänge. In unserer Kindheit werden wir größtenteils durch die Erziehung unserer Eltern geprägt. Sie sagen uns, was gut und schlecht ist. Sie bestrafen und loben uns. Sie leben uns Verhaltensmuster vor und zeigen uns Ziele und Wege auf. Sie vermitteln uns moralische Werte und Regeln. Und das ist gut so. Ohne diese Orientierung könnten wir uns nicht entwickeln. Unsere Persönlichkeit wird dadurch erst individuell und einmalig. Genau dies beeinflusst unser Denken und Handeln.

Aber nicht nur unsere Eltern prägen uns. Viele andere Menschen hinterlassen ebenfalls einen Eindruck bei uns, insbesondere Verwandte, Freunde, Erzieher und Lehrer. Alle haben ihre eigenen Glaubenssätze, die sie nach außen tragen und anderen Menschen entgegenbringen.

Wenn Sie beständig hören, dass Indianer keinen Schmerz kennen, verändert das Ihr Bewusstsein und die Einstellung zu Schmerzen. Menschen, die weinen oder verzweifelt sind, kommen Ihnen dann schwach und nicht selbstbewusst vor. Noch schlimmer wird es, wenn Sie dann selbst einmal weinen. Dies mindert enorm Ihr Selbstwertgefühl. Sie selbst fühlen sich jetzt schwach.

Wenn Ihnen permanent eingetrichtert wurde, dass Frauen an den Herd gehören, verändert das Ihre Einstellung zu Frauen. Machohafte Allüren bei Männern sind dann vorprogrammiert. Ebenso aber Verhaltensweisen bei Frauen, die ihre hauswirtschaftlichen Aufgaben als Lebensinhalt definieren und den Männern treu ergeben sind.

Wenn Ihnen jahrelang gesagt wurde, dass die guten Dinge, die Sie tun, nicht gut genug sind, lässt Sie das zum größten Zweifler und Skeptiker an Ihnen selbst werden.

Was andere Menschen bei Ihnen erreichen, können Sie auch selbst erreichen. Drehen Sie den Spieß um! Definieren Sie Ihre Glaubenssätze neu. Bestimmen Sie selbst, was wichtig und unwichtig ist und zukünftig Ihr Verhalten prägen soll. Wie das gehen kann, lesen Sie auf den nächsten Seiten. Welche Einstellungsmerkmale und Glaubensätze Sie erfolgreich(er) machen, lege ich Ihnen zudem ans Herz.

Seien Sie SIE SELBST – voll und ganz!

Auf Echtheit geprüft – Fälschung ausgeschlossen

Die wichtigste Voraussetzung ist, authentisch zu sein und zu bleiben. Das bedeutet bei sich zu bleiben – echt, natürlich und von innen heraus. Dabei spielt die eigene Persönlichkeit eine entscheidende Rolle. Aber was ist eine Persönlichkeit? Sie setzt sich aus Überzeugungen, Glaubenssätzen, Charakter-Eigenschaften und Verhaltensweisen zusammen. Dessen sind wir uns nicht immer bewusst. Wenn Sie authentisch und zugleich überzeugend wirken wollen, ist es wichtig, damit zu spielen. Spielen Sie die unterschiedliche Seiten Ihrer Persönlichkeit mehr aus!

Stellen Sie sich Ihre Persönlichkeit wie eine Klaviatur vor: Sie können hohe, tiefe, mittlere, gerade und schräge Töne spielen. Dennoch bleiben Sie jederzeit authentisch, denn Sie benutzen immer dasselbe Klavier. Wechseln Sie nun das Instrument, geht Ihre authentische Kraft verloren. Die Töne klingen auf einem anderen Instrument anders, vielleicht befremdlich, unangenehm und abschreckend. Klar! Sie sind von Ihrer authentischen Seite abgewichen.

Bleiben Sie stets auf Ihrer Klaviatur. Sie können tagsüber mit Kunden in Business-Kleidung verhandeln und abends mit einer Jogging-Hose vor dem Fernseher sitzen. Beides ist authentisch, wenn Sie es mögen und es typisch für Sie ist. Sie lassen in diesem Fall einfach Ihren unterschiedlichen Persönlichkeits-Merkmalen und Vorlieben freien Lauf.

Es geht nicht darum, nach einem psychologischen Rezept alles richtig machen zu wollen oder zu müssen. Dann wirken Sie gekünstelt und nüchtern. Sie können es niemals jedem Menschen recht machen. Authentisch und jedermanns Liebling zu sein, schließt sich kategorisch aus. Lieber eine Macke, eine nette Eigenart, die Ihre

Individualität unterstreicht, als glatt und nüchtern. Ihr Gesamtbild ist entscheidend! Es gibt viele Menschen, die trotz Macke sehr überzeugend sind.

Joschka Fischer beispielsweise ist ein brillanter Redner. Er begeistert seine Zuhörer – ohne Konzept, ohne Redemanuskript, ganz spontan aus dem Bauch heraus. Er spielt faszinierend mit seiner Stimme und seiner Körpersprache. Dennoch hat er eine Eigenart, die negativ wirken kann: Er benutzt sehr viele „ähms". Das schadet seinem Gesamtbild keineswegs, weil es authentisch ist. Die „ähms" fallen nicht ins Gewicht. Sie werden von seiner Überzeugungskraft verdeckt. Die meisten Zuhörer überhören dieses Füllwort.

Günther Jauch ist ein überzeugender Show- und Talk-Master. Er ist wortgewandt und schlagfertig, kann witzig und ernst sein, ist immer gut drauf und absolut professionell. Dennoch wirken sein Gang und seine Körperhaltung leicht unbeholfen und schlaksig. Egal! Er ist der beliebteste Entertainer.

Authentisch zu sein bedeutet, sich selber treu zu bleiben und dies glaubhaft vertreten zu können. Dabei sind authentische Menschen manchmal unbequem, unangepasst und kompromisslos. Dieter Bohlen ist hierfür der Vorzeige-Kandidat. Das ist riskant, denn ein solches Verhalten kann überzeugend sein oder gerade das Gegenteil bewirken. Fragen Sie sich, wie weit Sie dies vor sich selbst vertreten können. Wie authentisch wollen Sie sein? Wie viel Risiko wollen Sie in Kauf nehmen? Wie mutig sind Sie? Dieter Bohlen polarisiert, provoziert, eckt an und ist unbequem. Er ist aber ebenso authentisch und vor allem erfolgreich.

Sofern Sie sich authentisch geben und entfalten wollen, brauchen Sie eine Portion Mut. Sie brauchen Mut, damit Sie Dinge tun und sagen können, die mit Ihrem Wertebild, Ihrer Einstellung und Ihren Glaubenssätzen übereinstimmen. Wenn andere das Gefühl haben, das was Sie tun, ist aus einem Guss, haben Sie einen authentischen Eindruck hinterlassen.

Das bedeutet nun nicht, rücksichtslos allen Dingen freien Lauf zu lassen. Falls Sie Ihrem Chef schon immer mal sagen wollten, dass er ein unfreundlicher Zeitgenosse ist, ist dies zwar authentisch, aber auch dumm. Wägen Sie stets für sich ab, wie viel Sie von Ihrem Gedankengut preisgeben und in welcher Art und Weise. Höflich, zurückhaltend und abwartend zu sein kann durchaus authentisch und für die eigene Karriere förderlicher sein.

Trauen Sie sich aber gerne, mehr davon zu zeigen, wie es in Ihrem Inneren aussieht. Wir alle kennen die floskelhafte Frage „Wie geht es dir?“. Meine Erfahrung ist, dass 90 Prozent aller Befragten reflexhaft darauf mit „gut“ antworten. Machen Sie es doch einmal anders. Sagen Sie Ihrem Gesprächspartner, wie es Ihnen wirklich geht: „Mir geht es heute nicht gut.“ „Ach ich bin total müde.“ „Ich sprühe vor Energie.“ „Es ist alles super zurzeit.“ Sie werden überrascht sein, wie der andere reagiert. Alles, was zu positiv oder negativ dem „gut“ gegenüber erscheint, irritiert. Diejenigen, die es ernst und ehrlich meinen, gehen auf Ihre alternative Antwort ein und fragen nach. Sie sind interessiert an Ihnen und wollen genau wissen, warum es Ihnen eher schlecht oder überaus gut geht. Das ist authentisch. Diejenigen, die von Ihrer Antwort peinlich berührt sind, unsicher reagieren und schnell das Thema wechseln wollen, interessieren sich nicht wirklich für Ihr Wohlbefinden. Mit diesem kleinen Schritt haben Sie Ihre authentische Seite endlich gezeigt und sind dabei ein wenig angeeckt. Glückwunsch!

Wenn Sie mehr von Ihrer authentischen Seite zeigen wollen, ist es ebenso wichtig zu erkennen, wo die Grenze ist. Absolute Offenheit ist zu viel. In vielen Lebenslagen ist Schweigen Gold. Loten Sie für sich aus, wie viel Klar-Text Sie reden wollen und wann Sie besser schweigen. Das bildet die authentische Balance für Ihren Erfolg.

Machen Sie sich bewusst, was Sie können!

Besinnen Sie sich auf Ihre Stärken – und kennen Sie Ihre Schwächen.

Selbstbewusstsein bedeutet zunächst allgemein sich selbst bewusst zu sein, was man kann und was nicht. Es geht also um Ihre Stärken und Schwächen. Erfolgreiche Menschen kennen ihre Stärken und Schwächen sehr genau. Sie wissen damit umzugehen, sie zu inszenieren und zum richtigen Zeitpunkt auszuspielen. Und Sie lesen richtig. Es geht auch darum, seine Schwächen zu offenbaren. Selbstbewusst zu sein bedeutet zudem, ein gesundes Selbstwertgefühl und Selbstvertrauen zu haben.

Sich selbst vertrauen heißt, sich etwas zuzutrauen. Wenn Sie Ihre Stärken kennen, können Sie sich mehr zutrauen, etwas wagen und überzeugender auftreten. Ein gesundes Selbstwertgefühl haben Sie dann, wenn Sie sich selbst einen Wert zumessen und sich selbst etwas wert sind – und dies im Vergleich zu anderen Menschen.

Der erste und entscheidende Schritt ist aber, dass Sie Ihre Stärken und Schwächen kennen und kennenlernen, sich ihnen stellen und selbstbewusst damit umgehen. Ein Kratzen an der Oberfläche Ihres Ichs reicht da nicht aus. Gehen Sie tiefer, denn dann finden Sie mehr über sich heraus und haben die Chance, etwas zu verändern. Folgende Tipps und Fragen helfen Ihnen, sich auf den Weg zu machen, sich besser kennenzulernen.

1. Finden Sie die Wurzeln Ihres Übels!

Forschen Sie genauer nach den Ursachen. Wenn Sie das Gefühl haben, nicht selbstbewusst genug zu sein, fragen Sie sich, warum und woher kommt es. Denken Sie intensiv darüber nach, ob es Glaubenssätze gibt, die Sie geprägt haben; Glaubenssätze, die Sie von wichtigen Menschen in Ihrem Leben gehört haben und die sich bei Ihnen fest verankert haben: „Du schaffst das nicht.", „Das kannst Du sowieso nicht.", „Das wird nichts.", „Lass das lieber andere machen, die es besser können." Oder gab es markante Ereignisse oder einschneidende Erlebnisse, die sich tief eingekerbt haben? Sind Sie in einer wichtigen Situation an etwas gescheitert? Sind Sie verlassen oder im Stich gelassen worden? Haben Sie versagt und sind dafür noch bestraft worden? Solche Glaubenssätze und Erlebnisse mindern unser Selbstwertgefühl und unser Vertrauen in uns selbst.

Wenn Sie sich damit auseinandersetzen, kann das weh tun. Es mag sein, dass sich Ihr Blick auf andere Menschen verändert. Frust, Ärger und Wut können sich aufstauen. Das gehört dazu. Lassen Sie diese Gefühle raus. Aber wie kommen Sie Ihren Glaubenssätzen auf die Spur?

Glaubenssätze haben stets einen allgemeinen oder ausschließlichen Charakter. Sie sind in entsprechende Worte gekleidet, wie zum Beispiel:

- „Immer ..."
- „Grundsätzlich ..."
- „Überall ..."
- „Jedes Mal ..."
- „Prinzipiell ..."
- „Ausschließlich ..."

Suchen Sie nach derartigen Formulierungen, die Sie mit sich herumtragen und Sie innerlich bewegen.

Überprüfen Sie auch, ob es typische Sätze gibt, die Sie von anderen unbewusst übernommen haben und ebenso gerne benutzen:

- „Mein Vater hat immer gesagt ..."
- „Von meiner Mutter habe ich gelernt, dass ..."
- „Ich höre noch meine Oma sagen ..."
- „Einer meiner Lehrer hat uns beigebracht, dass ...".

Wenn Sie auf diese Weise Ihre Glaubenssätze entdeckt und für sich entschlüsselt haben, hinterfragen Sie diese. Gehen Sie konstruktiv und kritisch damit um. Stellen Sie sich folgende Fragen:

- Wie könnte eine anders lautende Meinung dazu sein?
- Habe ich schon gegenteilige oder andere Erfahrungen gesammelt?
- Wie stehen andere Menschen, die mir wichtig sind, dazu?
- Was würde passieren, wenn ich mich nicht mehr an den Glaubenssatz halte?

Hinter dieser strategischen Vorgehensweise steckt etwas sehr Einfaches. Wenn Sie sich so schrittweise Ihren Glaubenssätzen nähern, sie aufdecken und hinterfragen, haben Sie die Chance, sie neu zu definieren. Indem Sie diesen Weg gehen, arbeitet Ihr Unterbewusstsein bereits automatisch daran, bisherige Einstellungen zu zerlegen und neu zusammenzusetzen.

2. Erkennen Sie Ihre Stärken und Ihre Schwächen!

Nun geht es ans Eingemachte. Bei Ikea heißt es so treffend „Entdecke deine Möglichkeiten". Fangen Sie mit diesem Basis-Glaubenssatz an. Wenn Sie bereit sind, Ihre Glaubenssätze neu zu beschreiben, sollte die Beschreibung zu Ihren Stärken und Schwächen passen. Was nützt es, sich auf die Fahne zu schreiben, dass Sie der beste Monopoly-Spieler sein wollen, aber die Spielregeln nicht einmal kennen. Lernen Sie sich besser kennen. Suchen Sie sich von den folgenden Möglichkeiten diejenigen aus, die Ihnen Spaß machen und die Sie selbst für sinnvoll und umsetzbar erachten.

a) Schreiben Sie einen ausführlichen Lebenslauf! Keinen tabellarischen, wie Sie es für die Bewerbungsmappe gewohnt sind, sondern wie es vor 20 Jahren noch üblich war. Fangen Sie mit Ihrer Grundschulzeit an und enden Sie am heutigen Tag. Notieren Sie alle beruflichen Stationen und beschreiben Sie genau, was Sie dort getan haben. Listen Sie alle Qualifikationen und Fortbildungen auf. Schauen Sie genauer auf Ihre besonderen Kenntnisse und Hobbys. Wenn Sie sich dafür Zeit nehmen, werden Sie erstaunliche Dinge über sich erfahren. Sie stoßen auf Ihre Kompetenzen und Stärken.

b) Führen Sie ein Tagebuch! Schreiben Sie innerhalb eines definierten Zeitraums auf, was Sie gemacht haben. Am besten nehmen Sie sich einen Monat vor und listen täglich auf, womit Sie sich wie lange beschäftigt haben. Klammern Sie nichts aus. Dokumentieren Sie alle privaten und beruflichen Aktivitäten lückenlos und genau. Es reicht nicht aus, wenn Sie schreiben, dass Sie von 08.00 Uhr bis 17.00 Uhr gearbeitet haben. Was haben Sie genau gemacht? Haben Sie Mitarbeiter-Gespräche geführt? Haben Sie bei einem Kunden präsentiert? Haben Sie Akten gewälzt? Haben Sie ein Angebot, Gutachten oder einen Werbebrief verfasst? Sie entdecken auf diese Weise typische und wiederkehrende Tätigkeiten. Daraus können Sie dann typische Verhaltensweisen und Stärken ableiten. Ein Beispiel:

Sie entdecken, dass Sie jeden Samstag zum Wochenmarkt gehen, hin und wieder eine Kochsendung schauen und sich viermal in der Woche an den heimischen Herd stellen. Und das alles macht Ihnen auch noch Spaß. Das heißt, Sie kochen gerne, genießen das Einkaufen und können dabei entspannen. Nun gehen Sie einen Schritt weiter und fragen sich, welche Stärken sich dahinter verbergen. Jemand, der gut und gerne kocht, könnte zum Beispiel handwerklich geschickt, kreativ, gut organisiert, multitaskingfähig oder gastfreundlich sein. Was auch immer. Es spricht für Sie und es sind Stärken, die Sie haben.

c) Erstellen Sie Ihren persönlichen Frage-Katalog! Diesen beantworten Sie, füllen ihn nach und nach mit Informationen und damit mit Leben. Folgende Fragen könnten dort stehen:

• Was sagen meine Freunde und meine Familie über mich? Was finden sie toll an mir?

- Was sagen Arbeitskollegen, Mitarbeiter und Vorgesetzte über mich? Was finden Sie toll an mir?
- Worauf bin ich stolz?
- Was sind meine größten Erfolge?
- Was sollen meine Kinder später über mich sagen?
- Was stünde in einer Autobiografie?
- Welche Rollen spiele ich zurzeit (Ehemann, Vater, Hobby-Fußballer, Ingenieur …)?
- Was mögen Sie an anderen Menschen? Haben diese etwas, was ich auch habe oder nicht?
- Was mag ich? Wofür schlägt mein Herz höher?

d) Gehen Sie auf Schatzsuche in einem gepackten Koffer! Lassen Sie sich von einem vertrauten Menschen einen Koffer packen. In diesem Koffer sollen sich persönliche und fremde Gegenstände wiederfinden, wie zum Beispiel: Ihre Uhr, Ihr altes Handy, Ihre Zahnbürste, Ihr Lieblingsbuch genauso wie eine Puppe, ein Kugelschreiber, eine Tageszeitung oder eine CD. Wichtig ist hierbei, dass jemand anders den Koffer packt und Sie vorher nicht wissen, was drin ist. Wenn der Koffer nun gepackt ist, dürfen Sie ihn öffnen und zehn Gegenstände herausnehmen. Während Sie Dinge herausnehmen, denken Sie die ganze Zeit an nichts anderes als daran, Ihre Stärken näher kennenlernen zu wollen. Der Vorgang sollte spontan sein und nicht länger als zwei Minuten dauern. Danach legen Sie die Gegenstände vor sich hin und beschäftigen sich mit drei Fragen:

- Was bedeutet der Gegenstand für mich?
- Was verbinde ich mit dem Gegenstand?
- Für welche Stärke ist er ein Symbol?

So kommen Sie auf spielerische Art an sich heran. Nehmen wir an, Sie hätten Ihre Uhr gewählt. Sie stellen fest, dass die Uhr viel für Sie bedeutet, dass sie ein Geburtstagsgeschenk Ihres Ehepartners ist und ein modisches Accessoire, das gut zu Ihrer Person passt. Ferner verbinden Sie mit dieser Uhr, dass Sie Ihnen ein sicheres

Gefühl gibt, Termine einhalten zu können, was Ihnen auch stets gelingt. Sie lassen andere ungern warten und fühlen sich schlecht, wenn Sie zu spät kommen. Daraus können Sie für sich schließen, dass Sie ein pünktlicher und damit zuverlässiger Mensch sind. Wenn das mal keine Stärke ist. Das Ganze wiederholen Sie dann für Ihre Schwächen. So entdecken Sie nach und nach immer mehr Stärken und Schwächen, die ein individuelles Gesamtbild ergeben.

Am besten ist es, wenn der Kofferpacker bei der Übung mit dabei ist. Sie oder er kann nachfragen und Ihnen helfen, sich die Fragen besser zu erschließen. Abschließend schreiben Sie alle Stärken und Schwächen sowie die dazugehörenden Symbole auf.

Bei allen vier Wegen haben Sie festgestellt, dass Sie sich die Dinge aufschreiben sollen. Wer schreibt, der bleibt! Das Geschriebene verankert sich besser im Unterbewusstsein und kann dort weiter arbeiten. Es wirkt nachhaltiger!

3. Akzeptieren Sie sich so, wie Sie sind!

Stehen Sie offen und ehrlich zu Ihren Stärken. Begraben Sie Ihren Glaubenssatz, dass dies etwas mit Arroganz, Selbstüberschätzung oder Angeberei zu tun hat. Glauben Sie, Angela Merkel, Thomas Gottschalk, Bill Gates, Madonna oder Jürgen Klinsmann sind erfolgreich, weil sie so bescheiden sind? Alle kennen ihre Stärken und spielen sie aus. „Bescheidenheit ist eine Zier, doch besser lebt man ohne ihr." Wenn Sie überzeugen wollen, sollten Sie sich diesen Satz zu Herzen nehmen.

Ich gebe zu: zwischen der eigenen Schokoladenseite zeigen und dem selbstdarstellerischen Egotrip ist es oft nur ein schmaler Grat. Ein bisschen Risiko gehört allerdings zum Leben dazu. Niemand ist davor geschützt, in ein Fettnäpfchen zu treten und grenzüberschreitend zu sein. No risk, no fun! Sofern Sie zu Ihren Stärken stehen und Ihre Glaubenssätze neu definiert haben, sind Sie selbst Ihre eigene morali-

sche Instanz. Sie haben es in der Hand, Ihre Glaubenssätze selbstbewusst oder selbstüberschätzend zu formulieren. Selbstbewusst klingt
es, wenn Sie sagen: „Ich bin ein guter Verkäufer und werde meine
Kunden davon überzeugen." Selbstüberschätzend klingt es wenn Sie
sagen: „Ich bin der einzige Top-Verkäufer in unserem Unternehmen.
Die anderen sind alles Pfeifen."

Wenn Sie ebenso zu Ihren Schwächen stehen und diese akzeptieren, haben Sie automatisch Ihr Korrektiv geschaffen. Wer zu seinen
Schwächen offen und ehrlich steht, zeigt sich menschlich, angreif-
bar und dennoch stark. Falls Sie Ihre Schwächen offenbaren können, spricht das für Ihr positives Selbstwertgefühl und Ihre gesunde
Selbstakzeptanz.

Seien Sie offen und neugierig!

Der Blick über den Tellerrand

Albert Camus hat einmal treffend gesagt: „Das echte Gespräch bedeutet: Aus dem Ich heraustreten und an die Türe des Du klopfen." Erfolgreiche Menschen sind erfolgreich, weil sie sich für andere Menschen interessieren. Nur wenn Sie an anderen Menschen und deren Persönlichkeit interessiert sind, hinterlassen Sie einen positiven und wirksamen Eindruck.

Warum ist diese Verhaltenskomponente so wichtig für Ihre Schokoladenseite? Mit Ihrer Neugier und Offenheit erreichen Sie zwei Dinge gleichzeitig: Sie lernen viele Menschen kennen, von denen Sie viel lernen können. Zugleich lernen mehr Menschen Sie kennen. Dieses Wechselspiel stärkt Ihren selbstbewussten Auftritt und Ihre Überzeugungskraft. Als Trainer habe ich einen enormen Vorteil gegenüber vielen anderen Berufsgruppen: Ich lerne jeden Tag neue Menschen kennen, von denen ich immer wieder auch etwas lerne. Dennoch hat jeder in seinem Rahmen Möglichkeiten, neue Menschen kennenzulernen. Schauen Sie, was bei Ihnen möglich ist. Entdecken Sie die Möglichkeiten! Überlegen Sie einmal, auf wie vielen privaten Veranstaltungen wie zum Beispiel Geburtstagsfeiern, Hochzeiten oder Kinderpartys Sie pro Jahr sind. Ich wette, Sie werden jedes Mal Menschen treffen, die Sie noch nicht kennen.

Ergreifen Sie die Initiative. Seien Sie aktiv. Gehen Sie auf andere Menschen zu. Laden Sie Ihr Gegenüber dadurch ein, Sie näher kennenzulernen. Zugleich können Sie Ihr Gegenüber besser kennenlernen. Welche Wirksamkeit dabei Small Talk hat, erfahren Sie in Kapitel 3.

Sollte Ihnen dies schwerfallen, tasten Sie sich langsam heran. Lernen Sie offen und neugierig zu sein. Das ist möglich. Es gibt Menschen, die werden Ihre Offenheit und Neugier erwidern: Friseure, Taxifah-

rer und Kellner beispielsweise. Sie haben eines gemeinsam: Sie sind
Dienstleister durch und durch. Sie verdienen ihr Geld damit, offen
und neugierig zu sein. Nutzen Sie dies für Ihre Zwecke aus. Nehmen Sie diese Personen als Spiel-Figuren, um zu üben. Führen Sie
mit Ihrem Friseur demnächst mehr Small Talk. Unterhalten Sie sich
das nächste Mal mit dem Taxi-Fahrer. Verwickeln Sie beim nächsten
Restaurant-Besuch den netten Kellner in ein Gespräch über Essen
und Trinken. Ich versichere Ihnen, dass das Gespräch von Mal zu Mal
besser, entspannter und selbstverständlicher für Sie wird.

Es gibt inzwischen Internet-Portale, die nur dazu da sind, Kontakte
zu knüpfen und zu pflegen. Erweitern Sie so Ihr privates wie berufli-
ches Netzwerk. In Themen-Foren können Sie Ihre Meinung zu ver-
schiedenen Fragen und Themen veröffentlichen. Das trainiert Ihre
Offenheit und Neugier und ist zudem höchst spannend.

Sie werden inzwischen bemerkt haben, worum es bei diesem Thema
geht: Das Verlassen Ihrer Komfortzone. Ich weiß, dort ist alles vertraut, sicher und bequem. Dort kennen Sie sich aus und bewegen sich
auf sicherem Terrain. Und das soll auch so bleiben. Jeder Mensch
braucht seine Komfortzone, zu der er immer zurückkehren kann.
Dennoch ist das Verharren in der persönlichen Komfortzone der
größte Feind von Wachstum, Veränderung und Weiter-Entwicklung.

Wenn wir die Komfortzone überschreiten, treten wir in die Lernzone
ein. Hier gehen wir neue Wege, probieren uns aus und können gleichzeitig auf Altbewährtes zurückgreifen. Sie fordert uns heraus, denn
hier sind wir nicht mehr so sicher, da unbekannte Dinge und neue
Erfahrungen auf uns warten.

Über die Lernzone hinaus erwartet uns noch die Panikzone. Hier
wird es brenzlig, denn in dieser Zone können wir nicht lernen. Die
Panikzone ist bedrohlich, einschränkend und angstbesetzt. Hier wird
uns zu viel abverlangt. Dort warten Herausforderungen, denen wie
nicht mehr gewachsen sind. Es gilt immer: Raus aus der Komfortzone, rein in die Lernzone und Finger weg von der Panikzone.

Nehmen wir an, Sie haben Höhenangst. Dann vermeiden Sie alle Situationen, die zu Schweißausbrüchen führen. Sie werden nicht klettern, Sie werden keine hohen Balkone betreten und Aussichtstürme meiden. Sie bewegen sich sicher in Ihrer Komfortzone. Nun wollen Sie sich Ihrer Höhenangst stellen und suchen eine herausfordernde, lernende Situation. Das kann zum Beispiel eine Fahrt in den vierten Stock im Glasaufzug eines Kaufhauses sein; oder das Betreten eines Balkons im dritten Stockwerk; oder das Hochklettern auf einer Zwei-Meter-Leiter. Das fordert Sie heraus, bringt Sie ins Schwitzen und verlangt Mut. Danach werden Sie an dieser Aufgabe gewachsen sein und etwas gelernt haben. Wenn Sie sich dagegen mit einem Bungee-Seil von einer 100 Meter hohen Brücke stürzen wollen, sind Sie mitten in der Panikzone. Das ist ein Schritt zu viel. Sie werden Angst und Panikattacken bekommen, kollabieren und Ihre Höhenangst schlimmstenfalls noch verstärken.

In der Praxis können Sie Ihre Komfortzone erweitern. Ein Lernzonen-Bereich kann nach und nach zur Komfortzone werden, ein Panikzonen-Bereich nach und nach zur Lernzone. Sie haben Höhenangst. Das schließt jedoch nicht aus, dass Sie in ein paar Jahren mit einem Bungee-Seil von der 100 Meter hohen Brücke springen.

Denken Sie über Ihre Komfortzone nach:

- Was befindet sich darin?
- Was gibt Ihnen Sicherheit?
- Wann und wo fühlen Sie sich wohl?

Dann entscheiden Sie, was Sie verändern, ausprobieren und lernen möchten: Eine neue Frisur? Ein veränderter Internet-Auftritt? Ein neues Kochrezept? Ein anderes Hobby? Eine Weiterbildung? Eine neue Vertriebs-Strategie? Ein neuer Beruf? Eine größere Wohnung? Neue Möbel? Andere Kleidung? Neue Freunde und Bekannte? Sie sind dran!

Seien Sie positiv und optimistisch!

Der Fluch der sich selbst erfüllenden Prophezeiungen

Bis jetzt haben Sie kennengelernt, wie wichtig Glaubenssätze, eine authentische Wirkung, ein gesundes Selbstbewusstsein und das Verlassen der Komfortzone für Ihre Schokoladenseite sind. Alle diese Komponenten sind entscheidend für das folgende Thema: die selbsterfüllenden Prophezeiungen.

Stellen Sie sich folgende Situation vor: Ihr Chef bittet Sie, als Projektleiter die Projektplanung für einen wichtigen Kunden erstmalig zu übernehmen. Puh, denken Sie, eine große Herausforderung. Dann schießen Ihnen jedoch schnell folgende Gedanken in und durch den Kopf: „Das ist so verdammt schwer. Ich glaube, ich bin dem nicht gewachsen. Da muss ich so viele Dinge beachten. Ob die Mitarbeiter mich überhaupt ernst nehmen? Die soll ich führen. Oje, oje. Ich weiß nicht, ob ich das schaffe. Das wird wahrscheinlich nichts. Und dann ist mein Chef total enttäuscht."

Das ist der Startschuss zu einer Kettenreaktion. Sie glauben nicht an sich und verhalten sich von nun an auch dementsprechend. Sie sind nicht mehr so engagiert, lassen Dinge schleifen, sind demotiviert und nachlässig. Die Mitarbeiter nehmen Sie in der Tat nicht ernst und zweifeln an Ihrer Führungskompetenz. Sie kommen ins Straucheln. Ihr Chef verlangt mehr Engagement von Ihnen. Sie fühlen sich gestresst und unter Druck gesetzt. Ein Fehler nach dem anderen passiert. Dann kommt der entscheidende Moment. Ihr Chef sagt Ihnen, dass das Projekt geplatzt ist. Der Kunde ist abgesprungen und Sie sind kurz davor, Ihren Job zu verlieren. Ihr Chef ist maßlos enttäuscht von Ihnen. Das ist der Zeitpunkt, an dem Sie sich eingestehen: „Das habe ich doch von Anfang an gewusst. Das war doch so sicher wie das Amen in der Kirche, dass ich das nicht schaffe."

Was ist hier passiert? Ganz klar: Sie haben sich Ihre negative Prophezeiung selbst erfüllt. Sie haben nicht an sich geglaubt und Ihr Selbstbewusstsein ist erheblich angeschlagen. Daraus haben Sie für sich einen Glaubenssatz formuliert, der Ihr Verhalten negativ beeinflusst hat.

Unsere Einstellung und unsere Glaubenssätze prägen unser Verhalten. Wenn wir uns etwas einreden (prophezeien), verhalten wir uns dementsprechend. Irgendwann tritt das, was wir uns prophezeit haben, tatsächlich ein. Wir haben uns das Prophezeite damit selbst erfüllt.

Die meisten Menschen nutzen die selbsterfüllenden Prophezeiungen im negativen Sinne wie im Beispiel oben skizziert. Der große Kniff an der Sache ist, selbsterfüllende Prophezeiungen positiv zu besetzen. Kehren Sie Ihre Glaubenssätze um. Bleiben wir bei unserem Beispiel. Ihre Reaktion hätte auch folgendermaßen aussehen können: „Wow, mein Chef traut mir diese Aufgabe zu. Ist in der Tat eine große Herausforderung für mich. Da werde ich mich mächtig ins Zeug legen müssen. Nun gut. Dann packen wir es an. Ich werde meinem Chef beweisen, dass ich der Sache gewachsen bin. Ja, das schaffe ich. Ich will ja nicht bis zur Rente als Sachbearbeiter versauern. Das ist meine Chance. Also Vollgas." Mit dieser Einstellung steigen Ihre Erfolgschancen um ein Vielfaches. Das sind positive und motivierende Glaubenssätze. So treten Sie selbstbewusst und engagiert auf. Das ist die Bereitschaft, beherzt aus der Komfortzone in die Lernzone einzumarschieren.

Hier noch ein Beispiel aus der Praxis: ein Experiment mit Lehrern an einer Schule. Der einen Gruppe von Lehrern sagte man, sie bekämen sehr intelligente und leistungsstarke Schüler. Den anderen Lehrern sagte man, sie bekämen eher mittelmäßige Schüler, von denen sie kein großes Leistungspotenzial erwarten sollten. Nun gab man den Lehrern aber völlig normale Klassen, wie sie in jeder Schule zu finden sind. Das Ergebnis war verblüffend: Die Leistungen derjenigen Klassen, bei denen die Lehrer glaubten, es handle sich um sehr gute Schüler, lagen nach einigen Monaten über dem Durchschnitt.

Die Leistungen derjenigen Schüler, von denen die Lehrer sich nichts erhofften, waren unterdurchschnittlich.

Auch hier haben die selbsterfüllenden Prophezeiungen zugeschlagen: Diejenigen Lehrer, die glaubten, sie hätten intelligente Schüler, verhielten sich anders gegenüber den Schülern als diejenigen Lehrer, die glaubten, ihre Schüler seien nur mittelmäßig. Traurig, aber wahr und menschlich. Die Lehrer der vermeintlich intelligenten Schüler förderten diese mehr, waren geduldiger und hochmotiviert. Die Lehrer der vermeintlich nur mittelmäßigen Schüler gaben sich keine so große Mühe.

Erfolgreiche Menschen sind unter anderem deshalb erfolgreich, weil sie sich positive Ziele und Visionen selbst prophezeien. Wenn Sie überzeugen wollen, seien Sie von sich selbst überzeugt. Dann erfüllen sich Ihre positiv formulierten Prophezeiungen.

Seien Sie engagiert und zielstrebig!

Der ewige Kampf mit
dem inneren Schweinehund

Wenn Sie sich hin und wieder Tier-Dokumentationen ansehen, stellen Sie betroffen fest, dass es viele Tierarten gibt, die vom Aussterben bedroht sind. Eine Tierart aber wird wohl niemals aussterben: unser innerer Schweinehund, diese Bestie in uns, die uns lähmt, nervt und mehr belastet als entlastet. Er schlummert tief in uns und meldet sich gerne dann zu Wort, wenn es uns überhaupt nicht passt. „Lass das sein.", „Mach das später.", „Das kannst du morgen auch noch anpacken.", „Auf einen Tag mehr oder länger kommt es auch nicht an.", „Heute hast du keine Lust.", so kennen wir ihn.

Wollen Sie zukünftig Ihre Glaubenssätze positiv verändern? Wollen Sie offen und neugierig durch die Welt schreiten? Wollen Sie selbstbewusst Ihre Schokoladenseite präsentieren? Dann brauchen Sie alles andere als Ihren inneren Schweinehund, der Sie zähmt. Der innere Schweinhund ist ein brillanter Rhetoriker. Er ist Experte für treffende Glaubenssätze und selbsterfüllende Prophezeiungen. Dabei ist er höchst egoistisch. Nur diejenigen Glaubenssätze und selbsterfüllenden Prophezeiungen, die ihm nützen, gibt er als Autor frei. Aber seien wir ehrlich an dieser Stelle: Wir sind es selbst schuld. Wir haben Ihn gefüttert, getätschelt, lieb gehabt, ihn tun und machen lassen und nie konsequent gemaßregelt. Das wird jetzt anders! Wenn Sie es wollen.

Als Erstes ist es wichtig, dass Sie Ihren inneren Schweinhund akzeptieren, denn er will im Grunde genommen nur Ihr Bestes. Akzeptieren Sie ihn als einen Teil, der zu Ihnen gehört. Denn jeder andere Mensch trägt ebenfalls ein Exemplar mit sich herum. Akzeptieren Sie, dass Sie es bequem und leicht haben wollen, dass Sie nichts verändern wollen und in Ihrer Komfortzone verharren wollen. Routine ist wichtig. Sie gibt uns ein sicheres Gefühl. Akzeptieren Sie aber nicht, dass dies zu Ihrer grundsätzlichen Lebenseinstellung wird.

Den inneren Schweinhund zu überwinden heißt, selbstdiszipliniert(er) und konsequent(er) zu handeln. Anfangen und weitermachen, das ist das Erfolgsrezept. Das ist leichter gesagt als getan. Aller Anfang ist schwer. Den Glaubenssatz kennen wir alle. Da ist etwas Wahres dran. Also: Wie kriegen Sie den Dreh anzufangen? Was ist der Tritt, den Sie brauchen? Es gibt zwei Möglichkeiten: entweder durch Druck von außen. Das kann funktionieren und wirken, macht aber wenig Spaß. Oder durch Motivation von innen heraus. Genau das ist der Erfolg versprechende Ansatz. Folgende Tipps sollen Ihnen helfen:

1. **Das Ziel.** Arbeiten Sie grundsätzlich mit konkreten Zielen anstatt mit allgemeinen Vorhaben. Allgemeine Vorhaben sind typische Silvester-Blüten. Sie kennen das. An Silvester nehmen Sie sich ganz viel vor, was ein paar Tage oder Wochen später im Sande verlaufen ist. Das machen Sie ein paar Jahre hintereinander, dann hat dieser Motivationsversuch seinen ganzen Reiz verloren, weil er nicht funktioniert hat. Was Sie brauchen, ist ein konkretes Ziel, einen Sinn hinter Ihrem Handeln. Da spielt der Zeitpunkt des Beginns eine untergeordnete Rolle. Es sollte nur nicht wieder an Silvester sein.

   Ködern Sie Ihren inneren Schweinehund – mit einem Knochen, einer Wurst oder einem Leckerchen. Und das beständig, denn so können Sie die Motivation am Leben erhalten. Mit dem konkreten Ziel, dem konkreten Sinn vor Augen, macht es Spaß, die Komfortzone zu verlassen. Ihr Ziel sollte immer konkret und dadurch messbar, ambitioniert, aber dennoch realistisch und vor allem zeitpunktfixiert sein.

   Am 15. Mai sagen Sie sich: „Ab heute will ich abnehmen." Glauben Sie, dass dieses Vorhaben klappt? Ich nicht. Das Ziel ist schwammig und nicht greifbar formuliert. Wie wäre es mit: „Ich will 8 Kilogramm bis zum 31. Oktober dieses Jahres abnehmen."? Das ist konkret, messbar, zeitpunktfixiert sowie anspruchsvoll und zugleich realistisch. Also nicht: „Ich will mehr Geld verdienen." Besser: „Ich will innerhalb der nächsten drei Jahre mein Einkommen um 30 Prozent steigern." Nicht: „Ich will Karriere machen.", sondern: „Ich will bis Ende 2011 die Marketing-Abteilung übernommen haben."

2. **Der Weg.** Wenn Sie ein konkretes Ziel haben, ist der nächste wichtige Schritt die Festlegung des Weges. Wie wollen Sie die 8 Kilogramm abnehmen? Wie gelingt es Ihnen, Ihr Einkommen um 30 Prozent zu steigern? Wie gelangen Sie auf den Chefsessel der Marketing-Abteilung? Ziel und Weg gehören zusammen wie das Wasser zum Leben. Ohne Weg erreichen Sie kein Ziel. Auch die Wege sollen konkret sein. „Um die 8 Kilogramm abzunehmen, gehe ich ab sofort laufen." Schwammig! Besser ist es so: „Um die 8 Kilogramm abzunehmen, gehe ich dreimal die Woche jeweils 5 Kilometer laufen. Alle zwei Wochen fahre ich am Wochenende jeweils 20 Kilometer mit dem Fahrrad. Zusätzlich reduziere ich meine tägliche Kalorienzufuhr auf 2.000 Kalorien." Jetzt können Sie durchstarten.

3. **Das positive Gefühl.** Verknüpfen Sie Ihr Ziel mit einem positiven Gefühl. Was haben Sie davon, wenn Sie 8 Kilogramm abgenommen haben? Was bringt Ihnen eine 30-prozentige Einkommenssteigerung? Was passiert, wenn Sie den Chefsessel eingenommen haben? Das können die unterschiedlichsten Aspekte sein: Bewunderung, Anerkennung, Lob, Wertschätzung, Kontakte, Geld, Zufriedenheit, Glück. Setzen Sie Ihre persönliche Liste fort und picken Sie sich Ihre positiven Zielmomente heraus. Es macht Spaß, den Weg zu gehen, um das Ziel zu erreichen, wenn es sich gut anfühlt.

4. **Die Belohnung.** Belohnen Sie sich. Machen Sie sich Gedanken darüber, worüber Sie sich selbst freuen könnten. „Wenn ich mein Ziel erreicht habe, dann …". Das kann eine gute Flasche Rotwein sein, ein tolles Dinner, eine ausgiebige Shopping-Tour, eine Reise,

ein Wellness-Tag. Es sollten Dinge oder Ereignisse sein, die Sie sich bis jetzt nicht gegönnt haben oder selten gönnen. Die Belohnung sollte etwas Besonderes sein, denn das macht sie attraktiv. Wichtig ist das Gefühl, dass es sich lohnt, dafür anzufangen und durchzuhalten.

5. **Die Boxen.** Gehen Sie die unter Punkt 1 bis 4 genannten Tipps spielerisch an. Richten Sie sich eine Überraschungs- und eine Belohnungsbox ein. Das kann eine Plastikdose, ein Schuhkarton oder ein Sparschwein sein. Seien Sie kreativ!

In die Überraschungsbox werfen Sie Zettel, auf denen konkrete Ziele stehen, die Sie angehen und verwirklichen möchten. Sie können diese Box kontinuierlich füttern und ergänzen. Werfen Sie dennoch nicht zu viel ein, denn zu viele Ziele können wiederum lähmen. Es sollten maximal zehn Zettel sein. In die Belohnungsbox werfen Sie Ihre besonderen Dinge und Ereignisse rein, die Sie sich gönnen möchten, wenn Sie ein Ziel erreicht haben.

Immer wenn Sie das Gefühl bekommen, Ihr innerer Schweinehund gewinne zu stark die Oberhand, greifen Sie in beide Boxen. Sie ziehen jeweils einen Zettel aus jeder Box. So verknüpfen Sie ein konkretes Ziel mit einer bestimmten Belohnung. Das motiviert, macht Spaß, weckt viel Vorfreude und Ihr innerer Schweinehund ist gezähmt. Das Tolle daran ist, dass Sie Ihre Komfortzone spielerisch verlassen und mit einem Überraschungseffekt arbeiten. Es ist jedes Mal wieder aufregend, was auf den nächsten Zetteln steht. Mit dieser Methode überlisten Sie sich selbst, Ihre Trägheit und Ihre Ausflüchte.

6. **Die Vollbremsung.** Erlauben Sie sich in Ausnahmefällen eine Vollbremsung. Das ist wichtig, damit Sie nicht zum Roboter werden. Es gibt Tage oder Situationen, da haben Sie keine Lust und möchten alles hinschmeißen. Der innere Schweinehund ist so stark und übermächtig, dass jeder Widerstand zwecklos ist. Okay, akzeptieren Sie es. Schmeißen Sie alles hin. Das reinigt und tut

gut. Wichtig ist dann zu reflektieren. Warum ist es passiert und was tue ich als Nächstes? Entscheiden Sie sich! Legen Sie das angegangene Ziel vorerst oder für immer auf Eis und gehen ein anderes Ziel an oder machen Sie mit einer Pause weiter. Manchmal ist der Zeitpunkt für ein bestimmtes Ziel falsch gewählt. Sie dürfen auch einmal scheitern und Ihre Ziele korrigieren. Geben Sie diesen Gefühlen den notwendigen Raum. Wir sind Menschen und laufen nicht jeden Tag rund wie eine Maschine. Hin und wieder zu scheitern ist sogar wichtig, denn dann sind die Erfolge umso mehr wert.

7. **Die Weggefährten.** Suchen Sie sich Weggefährten. Schauen Sie sich in Ihrem Freundes-, Bekannten-, Familien- und Kollegenkreis um, ob es Menschen gibt, die ähnliche oder gleiche Ziele verfolgen (wollen). Gemeinsam Dinge anzugehen motiviert zusätzlich. So schaffen Sie sich einen selbst gewollten Druck von außen, der positiv beeinflusst. Wenn Sie einen Freund gefunden haben, mit dem Sie ab sofort dreimal die Woche 5 Kilometer joggen, haben Sie sich gegenseitig zu etwas verpflichtet. Sie tragen für diese gemeinsame Sache Verantwortung. Das klingt schwer und melodramatisch, ist aber wahr. Wenn Sie dann an einem Samstag gegen 10 Uhr Ihren inneren Schweinehund hören, der Ihnen sagt, du kannst auch morgen noch laufen gehen, werden Sie ihn ignorieren können. Sie wissen nämlich, dass Ihr Freund um 11.00 Uhr auf Sie wartet und sich darauf verlässt, mit Ihnen laufen gehen zu können.

Probieren Sie die vorstehenden Tipps aus, tasten Sie sich heran und finden Sie Ihren eigenen Weg, den inneren Schweinehund zeitweise stilllegen zu können. Wenn Sie es wollen, gelingt es Ihnen auch.

Tanzen Sie auf dem Drahtseil!

Der Akt mit den
fünf inneren Antreibern

Sie haben bis hierher viel über den inneren Schweinehund gehört. Er treibt uns meistens an, Dinge zu verschieben, langsamer anzugehen oder erst gar nicht aktiv zu werden. Neben dem inneren Schweinehund, den Sie gut kennen und schnell identifizieren können, gibt es noch weitere Antreiber. Wundern Sie sich manchmal über sich selbst? Darüber, dass Sie Dinge in einer bestimmten Art und Weise erledigt haben, ohne dass Sie sich das erklären können? Dahinter stecken oft innere Antreiber.

Antreiber sind Botschaften, innere Stimmen und verinnerlichte Lebensregeln, die jeder Mensch in sich trägt. Sie sind Motivatoren, die unser Denken, Handeln und Fühlen stark beeinflussen. Eingeimpft, ausgeprägt und gepflegt werden sie bereits in frühester Kindheit. Sie resultieren aus den Erfahrungen, die wir in unserem engen sozialen Umfeld machen. Vor allem unsere Eltern und weitere Vertrauenspersonen gestalten sie durch ihre Glaubenssätze, die dann zu unseren Glaubenssätzen werden. Antreiber zeigen sich gerne in Form von Glaubenssätzen manifestiert. So bekommen sie ein Gesicht und prägen unser Verhalten. Sie sind allerdings nicht immer aktiv. Meistens treten sie in Stresssituationen oder durch bestimmte Auslöser aktiviert auf. Wenn unsere Antreiber in einem gesunden Gleichgewicht ausgeprägt sind, ist das okay und positiv. Sind sie jedoch zu stark oder zu schwach ausgeprägt, kann sich das negativ auf unser Verhalten auswirken. Die Transaktionsanalyse unterscheidet fünf Antreiber.

1. Perfektion

Dieser Antreiber verlangt von Ihnen, dass Sie alles genau, gründlich und vollkommen erledigen. Er motiviert Sie, detailorientiert zu arbeiten, Dinge gut vorzubereiten und planmäßig umzusetzen. Das macht Sie zuverlässig, treu und gründlich. Typische Glaubenssätze sind:

- „Ich muss perfekt sein!"
- „Ich muss alles hundertprozentig machen!"
- „Ich muss noch besser werden!"

Ist der Drang zum Perfektionismus allerdings zu stark ausgeprägt, können sich folgende Verhaltensweisen zeigen:

- 100 Prozent reichen Ihnen niemals aus. Nichts ist gut genug.
- Zwänge prägen sich aus.
- Sie finden kein Ende und vergeuden viel Zeit.
- Fehler kratzen heftig an Ihrem Ego.

Ist der Drang zum Perfektionismus zu schwach ausgeprägt, können sich folgende Verhaltensweisen zeigen:

- Ihnen ist alles egal.
- Sie schaffen viel zu wenig.
- Sie sind unzuverlässig, ungenau und unsensibel.
- Ordnung und Sauberkeit sind Ihnen fremd.

2. Stärke

Dieser Antreiber verlangt von Ihnen, immer stark zu sein, wenige Gefühle zu zeigen und die Haltung zu bewahren. Er motiviert Sie, kraftvoll und energiegeladen Ihre Dinge im Alleingang durchzuziehen und durchzuhalten. Das macht Sie belastbar, stresserprobt und schwer ersetzbar. Typische Glaubenssätze sind:

- „Ich muss es alleine schaffen!"
- „Ich muss immer beherrscht sein!"
- „Ich muss meine Stärke beweisen!"

Ist der Drang zum Immer-stark-sein-Müssen allerdings zu stark ausgeprägt, können sich folgende Verhaltensweisen zeigen:

- Sie werden beratungsresistent und nehmen keine Hilfe an.
- Sie neigen zum Heldentum.
- Sie überschätzen sich selbst.
- Sie werden blind für eigene Fehler und Schwächen.

Ist der Drang zum Immer-stark-sein-Müssen zu schwach ausgeprägt, können sich folgende Verhaltensweisen zeigen:

- Sie trauen sich alleine nichts zu.
- Sie sind kaum belastbar und ständig überfordert.
- Ihr Selbstbewusstsein und Selbstwertgefühl lassen Sie im Stich.
- Sie fühlen sich in der Opferrolle wohl.

3. Schnelligkeit

Dieser Antreiber verlangt von Ihnen, sich immer zu beeilen und pausenlos auf Trab zu sein. Er motiviert Sie, zügig zu sein, viele Dinge gleichzeitig erledigen zu können und sich schnell zu entscheiden. Das macht Sie entscheidungsfreudig, belastbar und flexibel.

Typische Glaubenssätze sind:

- „Ich muss noch schneller arbeiten!"
- „Ich muss immer Vollgas geben!"
- „Ich muss stets auf mehreren Hochzeiten tanzen!"

Ist der Drang zur Hetze allerdings zu stark ausgeprägt, können sich folgende Verhaltensweisen zeigen:

- Sie betonen Quantität vor Qualität.
- Sie sind überbelastet. Das Burnout ruft schon.
- Sie verlieren den Überblick.
- Sie beginnen vieles, aber beenden weniges konsequent.

Ist der Drang zur Hetze zu schwach ausgeprägt, können sich folgende Verhaltensweisen zeigen:

- Sie können sich nicht entscheiden.
- Sie schieben alles auf die lange Bank.
- Sie werden lethargisch.
- Sie arbeiten sehr ineffizient.

4. Harmonie

Dieser Antreiber verlangt von Ihnen, immer liebenswürdig zu sein, jedem zu gefallen und Harmonie zu schaffen. Er motiviert Sie, anderen entgegenzukommen, ausgleichen zu können und eine Wohlfühl-Atmosphäre zu schaffen. Das macht Sie beliebt, gefühlsbetont und harmonieschaffend.

Typische Glaubenssätze sind:

- „Ich muss es allen recht machen!"
- „Ich muss Konflikte vermeiden!"
- „Ich muss für jeden da sein!"

Ist der Drang zur Harmonie allerdings zu stark ausgeprägt, können sich folgende Verhaltensweisen zeigen:

- Sie vergessen die eigenen Bedürfnisse.
- Sie können nicht Nein sagen.
- Sie laden sich zu viele Aufgaben auf.
- Sie opfern sich für andere auf.

Ist der Drang zur Harmonie zu schwach ausgeprägt, können sich folgende Verhaltensweisen zeigen:

- Sie sind egoistisch.
- Sie sehen sich als Mittelpunkt des Universums.
- Sie schüren Konflikte.
- Sie sind nicht teamfähig.

5. Pflichtbewusstsein

Dieser Antreiber verlangt von Ihnen, fleißig zu sein, sich stets anzustrengen und sich zu verausgaben. Er motiviert Sie, beharrlich am Ball zu bleiben, weitere Ressourcen zu aktivieren und nicht aufzugeben. Das macht Sie pflichtbewusst, ehrgeizig und verlässlich.

Typische Glaubenssätze sind:

- „Ich muss noch mehr leisten!"
- „Ich muss mich noch mehr anstrengen!"
- „Ich muss mich stets bemühen!"

Ist der Drang zur Anstrengung allerdings zu stark ausgeprägt, können sich folgende Verhaltensweisen zeigen:

- Sie können Erfolge schwer genießen.
- Sie investieren zu viel Energie in leichte Aufgaben.
- Was leicht gelingt, ist nichts wert.
- Sie werden verbissen.

Ist der Drang zur Anstrengung zu schwach ausgeprägt, können sich folgende Verhaltensweisen zeigen:

- Sie geben sofort auf.
- Sie sind nicht belastbar.
- Sie packen keine Herausforderung an.
- Sie sind unzuverlässig.

Am Ende des Buches finden Sie einen Test, der Ihnen zeigt, wie die inneren Antreiber bei Ihnen ausgeprägt sind. Sie können bei jedem Antreiber zwischen 10 und 50 Punkten erreichen. Ab 40 Punkten aufwärts ist ein Antreiber sehr stark ausgeprägt, ab 20 Punkten abwärts sehr schwach. Alles, was sich um die goldene Mitte (30 Punkte) bewegt, ist in einer ausgeglichenen Weise vorhanden.

Um sich selbst besser kennenzulernen und zu wissen, was Sie antreibt oder nicht, hilft Ihnen dieser Test. Sind bestimmte Verhaltensmuster zu stark oder zu schwach ausgeprägt, kann dies an Ihrem Selbstbewusstsein kratzen, Sie daran hindern, Ihre Ziele zu erreichen und authentisch und überzeugend auftreten zu können.

Wenn Ihr innerer Sei-stark-Antreiber Sie motiviert, keine Gefühle zu zeigen, bleiben Ihnen die Tore für teamorientierte Projekte verschlossen. Versteckt sich Ihr innerer Sei-perfekt-Antreiber im Keller, lässt Ihre Erfolgsbilanz enorm zu wünschen übrig. Sofern Sie Ihr Sei-schnell-Antreiber auf vielen Hochzeiten tanzen lässt, traut Ihnen niemand eine Kernkompetenz zu. Um Ihre in Glaubenssätzen manifestierten Antreiber mehr aktivieren oder drosseln zu können, sollen Ihnen folgende Tipps helfen:

1. **Die Suche.** Identifizieren Sie zunächst die Situationen, in denen Ihr Antreiber seine markanten Züge zeigt. Ist es eine typische Situation? Sind es vergleichbare Situationen? Was passiert in diesen Situationen? Wie zeigt sich der Antreiber? Welches konkrete Verhalten löst er aus? Woran hindert Sie dieses Verhalten? Was würde geschehen, wenn Sie der inneren Stimme nicht folgen? Nur wenn Sie wissen, wann und wie sich Ihr innerer Antreiber zeigt, können Sie Ihren Umgang damit verändern.

2. **Die Erlauber.** Ersetzen Sie Ihre inneren Antreiber schrittweise durch innere Erlauber. Erlauber geben Ihnen den notwendigen Freiraum, sich anders zu verhalten als bisher. Sie sorgen dafür, dass Ihre zu stark ausgeprägten Antriebskräfte wieder ein gesundes Gleichgewicht erreichen. Dabei sollen die Erlaubnissätze Ihre Antreiber-Formulierungen ergänzen. Es geht nicht darum, Ihre Antreiber zu begraben und sich von Ihnen zu verabschieden. Das wäre destruktiv. Erlauben Sie sich, von bisherigen Regeln abzuweichen: „Ich darf Fehler machen.", „Ich darf mir Zeit lassen.", Ich darf mir helfen lassen.", „Ich darf mich ausruhen und entspannen.", „Ich darf auch Nein sagen.". Definieren Sie Ihre Erlauber selbst. Nutzen Sie Formulierungen, die zu Ihnen passen.

3. **Die Generalprobe.** Wenn Sie Ihre Erlaubnissätze kreiert haben, geht es zum entscheidenden Schritt. Wie setzen Sie die formulier-

ten Worte in die Tat um? Bevor Sie Ihre Erlauber in den kritischen Situationen einsetzen, proben Sie erst einmal in unverfänglichen Situationen und tasten sich langsam heran. Dann bekommen Sie ein erstes Gefühl dafür, wie die Erlauber funktionieren. Gönnen Sie sich zum Beispiel ab sofort jeden Sonntag eine Entspannungs-Stunde mit Kaffee und Kuchen. Eine Stunde, in der Sie nichts machen, sich nicht anstrengen müssen, keine Hektik aufkommt und sich alles nur um Sie dreht. Haben Sie bis jetzt jeden Abend Ihren Schreibtisch perfekt und gründlich aufgeräumt, machen Sie dies nun an einem Arbeitstag der Woche nicht mehr. Auch wenn es Ihren Augen weh tut. Rasen Sie immer über die Straßen, um schnell zu Hause zu sein? An einem Tag in der Woche set-zen Sie sich das Ziel, auf dem Nachhauseweg nicht schneller als 50 km/h zu fahren. Entschleunigen Sie sich. Suchen Sie sich Ihre Test-Sequenzen aus und tauchen dann allmählich in die wichti-gen Situationen ein. Learning by doing!

4. **Das Schreiben.** Überlisten Sie Ihr Unterbewusstsein und damit Ihre tief verwurzelten Glaubenssätze durch das Prinzip der Schriftlichkeit. Schreiben Sie Ihren neuen Erlaubnissatz auf ein Post-it und kleben es an Ihren Badezimmerspiegel. Tragen Sie ihn in den Computer ein und lassen ihn als Bildschirmscho-ner erscheinen. Beschriften Sie einen verbrauchten Duftbaum und hängen diesen an den Rückspiegel in Ihrem Auto. Kleben Sie einen beschriebenen Zettel an Ihre Wohnungstür. Was auch immer: Jedes Mal, wenn Ihnen der Erlauber ins Auge sticht, arbeitet er unbewusst in Ihnen und nagt an Ihrem bisherigen Antreiber.

5. **Die Belohnung.** Belohnen Sie sich. Das funktioniert hierbei genauso gut wie beim Kampf gegen den inneren Schweinehund. Setzen Sie sich ein konkretes Ziel. Welchen Erlauber wollen Sie in welcher Situation wirken lassen? Gelingt es Ihnen, belohnen Sie sich mit etwas Besonderem.

Jetzt sind wir an dem Punkt, wo die Basisarbeit abgeschlossen ist. Wir haben betrachtet, wie wichtig und wegweisend Einstellungsmerkmale, Verhaltensweisen und Handlungsschemata für Ihre Überzeugungskraft sind. „Schönheit kommt von innen" – damit wirbt die Kosmetikindustrie. Überzeugungskraft kommt ebenfalls von innen. Nur wenn Sie selbst von sich überzeugt sind, können Sie andere Menschen überzeugen. Dann sind Sie authentisch und glaubwürdig. Dann hinterlassen Sie den Eindruck, der abgerundet und echt ist: das Original. Alles, was davon abweicht, ist kopiert. Nicht, dass Kopien grundsätzlich schlecht sind. Dennoch haben sie nicht den ursprünglichen Charakter, der besonders und einmalig ist. Ein Kunstdruck von Renoir ist auch nett, aber das Original ist eben unerreichbar.

Lassen Sie uns nun mit dem notwendigen Proviant ausgestattet einen Schritt weiter gehen. Das Innenleben steht. Jetzt geht es an die Fassade.

2. Ihre Darstellung wirkt

Wenn wir mit anderen Menschen zusammenkommen, wirken wir immer – ob wir wollen oder nicht. Wir können nicht nicht wirken! Bereits beim ersten Eindruck wirken wir. Dabei gehen unsere individuellen Schubladen im Kopf auf und wir stecken unsere Gesprächspartner dort hinein. Dieses Schubladen-Denken ist normal und erleichtert uns das Leben. Stellen Sie sich vor, Sie müssten jeden Menschen erst einmal gründlich durchchecken und analysieren, bevor Sie einen Eindruck von ihm haben. Wir entscheiden blitzartig, ob uns jemand sympathisch ist oder nicht. Das dauert keine Sekunde. Darüber hinaus schätzen wir den anderen auch ein und werten ihn auf oder ab. Wir entscheiden, ob er nett und freundlich wirkt oder nicht, ob er attraktiv ist oder nicht, ob er erfolgreich ist oder nicht, ob er gebildet ist oder nicht und so weiter. Niemand kann sich diesem Mechanismus entziehen. Wer behauptet, er tue dies nicht, stellt seine eigene Gehirnleistung und alle neurologischen Erkenntnisse gehörig infrage. Die spannende Frage ist aber nun: Wodurch wirken wir nach außen und wie können wir dies beeinflussen?

Sie wirken durch Ihren körpersprachlichen Ausdruck, Ihre Stimme und Sprache sowie Ihre Inhalte und Fachkompetenz. Alles wirkt gleichzeitig und zusammen. Sie können keinen dieser Aspekte ausklammern. Selbst wenn Sie schweigen, sprechen Sie und sagen damit etwas aus.

Die bekannteste Studie zu diesem Thema hat Alfred Mehrabian, ein amerikanischer Psychologe, veröffentlicht. Mehrabian behauptet, dass unsere Körpersprache zu 55 Prozent, unsere Stimme und Sprache zu 38 Prozent und die vermittelten Inhalte nur zu 7 Prozent wirken. Ob diese Zahlen genau und in jeder Situation zutreffen, ist fraglich und nebensächlich. Je nach Situation verschiebt sich dieses Verhältnis. Entscheidend ist vielmehr die Tendenz: Durch unsere Körpersprache sowie die Stimme und Sprache wirken wir am meisten, die

Inhalte alleine haben wenig Wirkungskraft. Traurig ist dabei, dass diese Erkenntnis bei vielen Menschen noch nicht angekommen ist. Immer noch glauben vor allem viele Führungskräfte, dass der Erfolg einer Präsentation oder eines Verkaufsgespräches von der Fachkompetenz abhängt. Falsch! Das Gegenteil stimmt. Eine alte Verkäuferweisheit bringt diesen Sachverhalt auf den Punkt: Fachidiot schlägt Kunde tot!

Ihre Körpersprache, Stimme und Sprache sind Ihre Verpackung, Ihre Themen und Informationen Ihr Inhalt. Mit Ihrer Verpackung sprechen Sie die Gefühlsebene bei anderen Menschen an, mit den Inhalten sprechen Sie die rationale Ebene an. Ein paar Beispiele:

Der erste Eindruck! Sie erinnern sich? Ein paar Sekunden nur. In diesem Moment gehen bei Ihnen die Schubladen auf. Diese Schubladen sind eingerahmt von Ihren Erfahrungen, Meinungen, Klischees, Vorurteilen und Ihrem Geschmack. Ruck, zuck ist Ihr Gegenüber in der Schublade, die Sie sofort schließen. Sie haben entschieden, welchen Eindruck Sie haben: sympathisch, nett, charmant oder unsympathisch, doof, arrogant. Dieser Eindruck entsteht rein körpersprachlich. Die optischen Reize formen Ihren Eindruck. Sie haben Ihr Gegenüber gesehen und entschieden. Viele körpersprachliche Signale wirken in diesem Moment zusammen und sprechen Ihr Unterbewusstsein an. Sie nehmen diese Signale unbewusst wahr und sind ihnen hilflos ausgeliefert. Wie guckt der andere? Wie sieht er aus? Wie bewegt er sich? Wie ist sein Gesichtsausdruck? Wenn Sie das nächste Mal einen ersten Eindruck haben, versuchen Sie herauszufinden, woher er kommt. Sie werden feststellen, dass dies sehr schwer ist. Sie können oftmals nicht genau beschreiben, was Ihnen angenehm oder unangenehm aufgestoßen ist. Es hat unbewusst auf Sie gewirkt.

Das ist heute wichtiger denn je. In der komplexen Welt, in der wir heute leben, entscheiden nicht mehr der Inhalt und das Fachwissen über Sieg oder Niederlage, sondern die emotionale Verpackung. Dafür gibt es zwei Gründe.

Erstens: Wir können nicht alle Inhalte rational erfassen und begreifen. Stellen Sie sich vor, Sie möchten als Geschäftsführer eines stahlverarbeitenden Unternehmens Ihre IT-Abläufe modernisieren und verändern. Die Entscheidung, welchem Beratungsunternehmen Sie am Ende den Auftrag erteilen, fällen Sie nicht auf der sachlichen Ebene. Sie können es nicht. Sie wissen ab einer bestimmten Fachtiefe nicht mehr, ob das Gesagte stimmt und richtig ist. Ihr Gefühl sagt Ihnen, wem sie es am besten zutrauen und wer Ihnen am sympathischsten ist. Wenn Sie sich so weit in die Fachmaterie einarbeiten würden, um rational und kalkuliert entscheiden zu können, könnten Sie die Veränderungen selbst vornehmen.

Zweitens: Kaum ein Unternehmen kann sich auf der sachlichen Ebene von anderen Unternehmen unterscheiden. Produkte und Dienstleistungen sowie deren Anbieter sind heute austauschbar. Selbst regionale Monopol-Strukturen werden durch das Internet aufgebrochen. Sie haben stets eine große Auswahl, wo Sie Ihren neuen Flat-Screen, Ihre neue Bluse, Ihr neues Auto, Ihren neuen Kleiderschrank oder Ihre Frühstücksbrötchen kaufen können. Sie kaufen dort, wo Sie sich gut beraten, freundlich behandelt und wohl fühlen. Dies alles sind Faktoren, die Ihre Gefühlsebene ansprechen. Freundlichkeit ist kein Ausdruck von Fachkompetenz, sondern der richtigen Einstellung, mit der Sie andere Menschen auf der Gefühlsebene erreichen. Wie Sie Ihre Inhalte emotional verpacken, das ist der Erfolgsbarometer.

Verpackung heißt heute mehr denn je: Entertainment und Inszenierung. Ob privat oder beruflich: Menschen, die uns überzeugen, von denen wir uns unterhalten und angezogen fühlen, die uns motivieren und begeistern, haben das gewisse Etwas. Das ist Entertainment. Auch wenn Sie es nicht wahrhaben wollen, Sie können dem nicht entrinnen. Wir leben in einer medialen, inszenierten und bildorientierten Welt. Das weckt Gefühle und setzt sie frei. Zu Ihrer wirkungsvollen Schokoladenseite gehört eine Portion Entertainment und Inszenierung. Ob Sie erfolgreich sind, hängt entscheidend davon ab.

Der letzte US-Wahlkampf, den Barack Obama gewonnen hat, sollte alle Skeptiker dieser These überzeugt haben. Seine beiden Slogans „Change" und „Yes we can" sind inhaltlich wertlos ohne die Verpackung Obama. Stellen Sie sich vor, jemand wie Rudolf Scharping hätte uns diese Worte zugerufen. Ob er nun Bundeskanzler wäre?

Warum hat Gerhard Schröder den aussichtslosen Bundestags-Wahlkampf im Jahre 2005 fast noch gewonnen? Die SPD hatte vier Monate vor der Wahl ihr Jahrhunderttief. Nur 20 Prozent aller Befragten wollten sie wählen. Der CDU wurden 50 Prozent prognostiziert und eine mögliche Allein-Regierung ohne Koalitionspartner. Am Wahlabend dann die Überraschung: SPD und CDU liegen gleichauf! Am Ende des Abends schaffte die CDU doch noch den knappen Sieg mit einem Prozent Vorsprung. Wie hat die SPD, nein besser, wie hat Gerhard Schröder es geschafft, fast noch zu gewinnen? Durch seine politischen Inhalte, sein Partei- und Wahlprogramm? Wohl nicht. Er hat seine Persönlichkeit entfaltet, die emotionale Zauberkiste ausgepackt und damit gepunktet.

Warum ist Steve Jobs von Apple beliebter als Bill Gates von Microsoft? Wegen der (besseren) Produkte? Das ist fraglich. Welche Produkte besser sind, darüber streiten Fachleute seit Jahren. Auf dieser Ebene ist das Rennen nicht zu entscheiden. Apple vermittelt ein Lebensgefühl, Microsoft nicht. Die Produkte von Apple sind stylisch und sehen ansprechend aus. Microsoft hat keine Produkte, dafür überarbeitete Windows-Versionen, über deren Anfälligkeit sich jeder von uns regelmäßig aufregt. Sieg für Apple. Aber nur halbwegs, denn auch negative Gefühle sind Gefühle. Die regelmäßigen Wutausbrüche aller Windows-Nutzer sind inzwischen normal und damit ein emotionales Markenzeichen. Stellen Sie sich vor, Windows brächte tatsächlich eine Version heraus, die hundertprozentig funktioniert. Das wäre zwar perfekt, aber langweilig.

Jetzt haben wir in das Schaufenster der Wirkung hineingeschaut. Sind Ihr Interesse und Ihre Neugier geweckt? Dann lassen Sie uns hineingehen und schauen, was die Wirkungsräume uns zu bieten haben.

Die Sprache Ihres Körpers

Wahrheit und Pflicht!

Samy Molcho kämpft seit Jahren dafür, dass wir uns der Macht unserer Körpersprache bewusster werden. Recht hat er. Denn je besser Sie ihre Körpersprache nutzen können, desto erfolgreicher sind Sie. Die Körpersprache macht einen Großteil Ihrer Schokoladenseite aus. Sie ist so mächtig, weil sie so facettenreich und vielschichtig ist und zum größten Teil unbewusst auf uns wirkt. Dabei ist unser Körper immer der Ausdruck unserer Einstellung. Sie ist ehrlich und verrät deshalb mehr über uns, als uns manchmal lieb ist. Deshalb geht es hier nicht um die Frage, ob Sie Wahrheit oder Pflicht haben wollen. Ihre Körpersprache ist Wahrheit und Pflicht zugleich – wenn Sie erfolgreich sein wollen.

Es rühmt Sie, wenn Sie fachlich absolut spitze sind. Es reicht nur nicht aus. Ihre Fachkompetenz in allen Ehren. Entscheidend ist vielmehr, dass Sie dies interessant und ansprechend verpacken, sich gekonnt inszenieren und so andere Menschen überzeugen. Noch einmal: Fachidiot schlägt Kunde tot! Das ist so. Das bleibt so.

Unsere Körpersprache ist dabei manchmal sehr eindeutig. Ein Nicken bedeutet Zustimmung, ein Mittelfinger Aggressivität, ein Schulterzucken Ratlosigkeit. Manchmal ist sie aber nicht so eindeutig. Ein Lächeln kann Fröhlichkeit, Freude, Ironie oder Spott signalisieren. Eine Träne kann Traurigkeit, Bewegtheit, Freude oder Genuss ausdrücken. Ein Gähnen kann Langeweile, Müdigkeit oder Desinteresse bedeuten. Ein Signal alleine reicht nicht immer aus, um das Gemeinte eindeutig interpretieren zu können. Nur wenn wir die gesamte Körpersprache als Geflecht betrachten, können wir genau sagen, ob der andere nun traurig, bewegt oder freudig überrascht ist, wenn er weint. Wie wirken der Gesichtsausdruck, seine Mundwinkel, seine Körperhaltung und seine Handbewegungen? Wenn Sie diese

Beobachtungen zusammen wahrnehmen, wissen Sie, warum Ihr Gegenüber weint.

Die folgenden Hinweise und Tipps sollen Ihnen helfen, Ihre Körpersprache bewusster wahrzunehmen, sie dadurch gezielter einsetzen und andere Menschen sensibler einschätzen zu können. Gleichzeitig ist es der Aufruf, authentisch zu bleiben. Nachgeahmte, kopierte und einstudierte Körpersignale wirken meistens künstlich und aufgesetzt. Ihr Gegenüber spürt dies. Dadurch wirken Sie wenig glaubwürdig. Es weckt beim anderen mehr Misstrauen als Vertrauen. Aktivieren Sie Ihr eigenes, individuelles körpersprachliches Repertoire. Setzen Sie es bewusster und gezielter ein, dann bleiben Sie authentisch und überzeugend.

„Schau mir in die Augen, Kleines!"

Ihre Augen und Ihr Blick

Ihr Blickkontakt spricht Bände. Das fängt bereits mit den Augen selbst an. Wenn Sie jemandem in die Augen schauen und seine Pupillen erweitern sich, empfinden Sie dies als ansprechend, angenehm und positiv. Erweiterte Pupillen signalisieren Interesse. Denken Sie nur an Babys und kleine Kinder mit ihren Kulleraugen. Wer von uns kann da schon widerstehen. In der Antike und im Mittelalter haben Frauen sich den Saft von Tollkirschen ins Auge geträufelt, um ihre Pupillen zu erweitern und damit den Augen Tiefe zu geben und die Männer zu betören. Seien Sie offen und neugierig anderen Menschen gegenüber. Zeigen Sie ehrliches Interesse. Das wirkt positiv.

Einen weiteren Sympathiepunkt gewinnen Sie mit lachenden Augen. Wie das geht? Ganz einfach: Ein Lachen ist immer dann echt, wenn auch die Augen lachen. Dies können Sie wunderbar auf Fotos überprüfen. Nehmen Sie sich Fotos mit Menschen vor, legen Sie Ihre Hand auf deren Mund, sodass Sie nur die obere Gesichtshälfte mit den Augen sehen. Wenn diese lachen, ist das Lachen echt. So können Sie jedes gestellte und aufgesetzte Lachen schnell entlarven. Lachende Augen verziehen sich ähnlich wie die Mundwinkel in die Breite mit einem Schwung nach oben. Begleitet wird diese Bewegung von den kleinen Fältchen, den Krähenfüßchen, ums Auge herum und den sich senkenden Augenbrauen. „Kann der Blick nicht überzeugen, überredet die Lippe nicht." Das wusste bereits der österreichische Schriftsteller Franz Grillparzer. Wenn Sie Ihr Gegenüber herzlich willkommen heißen und ihm sagen, wie sehr Sie sich freuen, ihn zu sehen, klingt das gut. Lachen Ihre Augen dabei nicht, sind Ihre Worte absolut wertlos, weil Sie lügen. Lachende Augen sind der authentische Ausdruck eines ehrlich gemeinten Gefühls.

Darüber hinaus wirkt alles, was Sie mit Ihren Augen machen.

Ihr Blickkontakt ist die Brücke zu Ihrem Gesprächspartner. Blickkontakt heißt Blickkontakt, weil er Kontakt herstellt. Wenn Sie Ihrem Gesprächspartner in die Augen schauen, wirken Sie offen und ehrlich sowie selbstsicher und überzeugend. Es ist ein interessantes Phänomen, dass Lügner es nicht schaffen, den Blickkontakt aufrechtzuerhalten, während sie lügen. Genauso interessant und wahr ist, dass gute Verkäufer in wichtigen Phasen des Verkaufsgesprächs den Blickkontakt halten und intensivieren. Wollen Sie einen Preis durchsetzen, sollten Sie Ihre Preisnennung mit einem selbstsicheren Blick flankieren. Sollen bei einer Präsentation Ihre Argumente unter die Bauchdecke gehen, blicken Sie Ihren Zuschauern dabei in die Augen.

Wichtig ist nur, dass Sie andere Menschen nicht anstarren. Das beunruhigt, verunsichert und kann im schlimmsten Fall aggressiv wirken. Sie wollen sich schließlich kein Blickduell liefern. Schweifen Sie hin und wieder für einen kurzen Moment mit Ihrem Blick ab. Aber nicht zu schnell, denn das wirkt hektisch und unruhig. Auch sollte es nicht zu langsam sein, denn ein zu langes Wegschauen wirkt desinteressiert, unsicher oder schüchtern. Durch gezielte Blickpausen bekommt Ihr überzeugender und selbstsicherer Blick mehr Gewicht. Blickpausen sind Wirkpausen, die Ihren Blickkontakt positiv untermauern.

Tipps aus der Praxis für die Praxis:

- Fangen Sie bei sich selbst an. Schauen Sie sich länger und damit bewusster im Spiegel an. Machen Sie dabei aber nichts anderes. Frisieren Sie sich nicht, rasieren Sie sich nicht, cremen Sie sich nicht ein, waschen Sie sich nicht. Konzentrieren Sie sich ausschließlich auf sich und darauf, sich anzuschauen. So bekommen Sie einen Eindruck von Ihrem Gesicht und Ihrer Art zu schauen. Und vor allem lernen Sie, Ihren Blickkontakt aufrechtzuerhalten. Das können Sie wunderbar mit Ihrer morgendlichen Dusche kombinieren. Wenn Sie fertig sind, nehmen Sie sich noch eine Minute Zeit für diese Übung.

- Trainieren Sie Ihren Blickkontakt nicht zuerst an Menschen. Wenn Sie das nächste Mal am Meer oder an einem See sitzen, konzentrieren Sie Ihren Blick ein paar Minuten ausschließlich auf ein vorbeiziehendes Schiff. Schauen Sie aus Ihrem Fenster, suchen sich ein Objekt aus und fokussieren Ihren Blick ein paar Minuten nur darauf. Das können zum Beispiel ein Baum, ein Auto, ein Plakat oder ein anderes Haus sein. Nehmen Sie sich solche Auszeiten von der Hektik des Alltags. Diese Übung können Sie ortsunabhängig durchführen. Durch Fernsehen, Kinofilme, Werbespots und hektische Arbeitsabläufe fällt es vielen Menschen inzwischen schwer, sich auf eine Sache längerfristig zu konzentrieren. Entschleunigen Sie mit dieser Übung Ihre ständigen Blickpausen.

- Üben Sie spielerisch Ihren Blickkontakt zu halten. In einer geselligen Runde schnappen Sie sich eine vertraute Person. Sie schauen sich beide in die Augen und wer als Erstes abschweift, hat verloren. Der Verlierer muss Ihnen ein Getränk spendieren oder eine lustige Aufgabe vor den anderen ausführen, oder einen Schnaps trinken oder oder oder. Der Gewinner kann auch bestimmen, was der Abschweifende tun soll. Das erhöht den Anreiz, gewinnen zu wollen.

- Gehen Sie einen Schritt weiter. Nehmen Sie sich Fotos zur Hand. Von vertrauten, bekannten und fremden Menschen. Schauen Sie sich die Fotos länger an. Aber nicht das Drumherum, sondern schauen Sie den Personen in die Augen. Das trainiert nicht nur Ihren Blickkontakt. Sie bekommen darüber hinaus ein Gefühl dafür, ob Sie in lachende oder pupillenerweiterte Augen schauen oder nicht.

- Picken Sie sich bei einer Präsentation vor vielen Personen diejenigen Personen heraus, die Ihnen ein gutes Gefühl geben. Blicken Sie zu Beginn mehr die Menschen an, die lächeln, interessiert und neugierig schauen und Sie dadurch beruhigen. Erst nach und nach beziehen Sie auch die kritisch und unfreundlich schauenden Personen mit ein. Das gibt Ihnen einen sicheren Start und die Gewissheit, Ihren Blickkontakt tatsächlich einsetzen und Erfolg versprechend nutzen zu können.

„Das Lächeln, das du aussendest, kehrt zu dir zurück!"

Ihre Mimik

„Lachen ist gesund.", „Lachen ist die beste Medizin.", „Wer lacht, lebt länger.", „Humor ist, wenn man trotzdem lacht." Dies sind die Weisheiten, die wir aus dem Volksmund kennen. Zu diesem Thema gibt es inzwischen interessante Studien, die uns klarmachen, wie wichtig Humor und Lachen sein können.

Zunächst einmal ist Lachen sehr gesund. Lachen ist entspannend, weil es viele Gesichtsmuskeln aktiviert. Unser Körper kommt dadurch in einen positiven Stresszustand, der uns erfrischt und unser Leben verlängert. Lachen steigert die Stimmung, weil Endorphine ausgeschüttet werden, die dann für gute Laune sorgen. Und darüber hinaus stärkt Lachen unser Immunsystem. Lachen wirkt sich sehr positiv auf unser Wohlbefinden und Verhalten aus. Nietzsche hat einmal gesagt, dass der Mensch so tief leide, dass er das Lachen erfinden musste. Lachen macht Spaß und ist ansteckend. Es schafft ein positives und stressfreies Klima. Es zieht Menschen hemmungslos in seinen Bann und befreit. Lachen ist definitiv eine eierlegende Wollmilchsau.

Lachen ist aber nur die äußere Ausdrucksform Ihrer inneren Einstellung. Um lachen und lächeln und damit die Herzen anderer Menschen gewinnen zu können, brauchen Sie eine grundlegende Einstellung: Humor. Ohne Humor kein Lachen. Humor ist die Einstellung, die wir durch das Lachen nach außen tragen. Erfolgreiche Menschen haben Humor und drücken dies durch ein authentisches wie sympathisches Lächeln aus. Ohne Lachen weniger Erfolg!

Dabei ist Humor immer ein Spiel mit Grenzen. Wenn wir jemanden als humorvoll bezeichnen, wenn wir etwas als lustig und komisch empfinden, wird immer eine Grenze des Gewohnten überschritten.

Das Gewohnte wird durchbrochen und in einen anderen Rahmen eingebettet. Die Jungs von Monty Python überschreiten mit Vollgas die Grenzen der Pietät und des Respekts. Heinz Erhardt und Loriot machen sich gehörig lustig über gesellschaftliche Regeln und Normen und die damit einhergehende Routine und Spießbürgerlichkeit. Mario Barth spielt mit typischen Rollenklischees und Vorurteilen. Harald Schmidt geht zum Teil zynisch mit Randgruppen der Gesellschaft um. Jürgen von der Lippe unterfüttert seine Albernheit mit philosophischem Gedankengut und nimmt so die Banalitäten des Alltags aufs Korn. Volker Pispers klagt schonungslos und feinsinnig zugleich die Absurditäten des politischen Alltags plakativ an. Die Liste können Sie endlos fortführen. Ob Sie jeden der genannten Komiker mögen, ist für unser Thema nebensächlich. Denn eins vereint sie alle: Sie überschreiten mit Humor gewisse Grenzen. Und das beeindruckt viele Menschen.

Zu einer humorvollen Einstellung kommen Sie nur, wenn Sie bereit sind, Grenzen zu überschreiten. Verlassen Sie die gewohnte, ernste Komfortzone und springen Sie in die gut gelaunte Lernzone. Fangen Sie im privaten Bereich an, sich spielerisch Ihre humorvolle Ader zurückzuerobern: Machen Sie mal wieder eine Kissenschlacht, spielen Sie Verstecken, lassen Sie sich kitzeln, schauen Sie mehr lustige Filme an, gehen Sie Tretboot fahren, besuchen Sie einen Spaß- und Erlebnispark oder machen Klingelmännchen an fremden Türen. Suchen Sie nach Aktivitäten, an denen Sie Spaß haben oder sich erinnern, mal Spaß gehabt zu haben. Und dann rein ins Vergnügen. Lassen Sie sich bitte nicht vom negativen Glaubenssatz beherrschen: Ich bin doch nicht lustig!

Humor ist uns in die Wiege gelegt. Kinder sind von Natur aus fröhlich, spontan, ausgelassen und haben Spaß am ganzen Leben. Genau diese Herangehensweise an das tägliche Leben geht im Laufe des Erwachsenwerdens verloren. Das logische Denken, Regeln und Normen, Gebote und Verbote prägen uns immer stärker. Daraus entstehen unsere Glaubenssätze und selbsterfüllenden Prophezeiungen:

„Lach nicht so laut!", „Reiß Dich am Riemen!", „Bei Tisch wird nicht gelacht!", „Darüber macht man sich nicht lustig!", „Werde endlich erwachsen!". Wenn Sie solche Formulierungen verinnerlicht haben, haben Sie gleichzeitig Ihren Humor begraben. Werden Sie zum Schatzsucher. Buddeln Sie ihn wieder aus. Befreien Sie Ihren Humor von den Ketten der Zurückhaltung.

Was bedeutet dies für Ihre Schokoladenseite? Wenn Sie lachen können und humorvoll wirken, sammeln Sie Sympathiepunkte bei Ihren Mitmenschen. Mit einem Lächeln auf den Lippen gewinnen Sie andere Menschen für sich. Ein Lächeln dient dazu, eine emotionale Brücke zu Ihrem Gesprächspartner aufzubauen. Und: Es verleiht Ihrer Schokoladenseite den gewissen cremigen Charme.

Wenn es Ihnen schwerfällt, Ihre humorvolle Seite wieder zum Leben zu erwecken, gemeinsam mit anderen zu lachen oder in wichtigen Situationen zu lächeln, streunt höchstwahrscheinlich wieder Ihr innerer Schweinehund herum. Der flüstert leise im Hintergrund, dass es doch viel bequemer ist, weiterhin brav, bieder und schlecht gelaunt zu sein. An dieser Stelle sind ausschließlich Sie und Ihr neues Selbstbewusstsein gefragt. Sagen Sie Nein zu dem Hundegebell. Lassen Sie sich das nicht länger bieten. Sperren Sie ihn in den Zwinger, damit Sie losgelöster anfangen können.

Hier helfen Ihnen wieder konkrete Ziele. Fragen Sie sich: Was bringt es mir, wenn ich zukünftig mit mehr Humor und Witz auftrete? Was bringt mir mein freundlicher Gesichtsausdruck? Was kann ich damit erreichen? Leiten Sie daraus für sich eine positive sich selbst erfüllende Prophezeiung ab. Hierzu ein paar Beispiele, die Sie gerne in Ihre eigenen Worte kleiden können:

- „Wenn ich freundlich bin, kann ich einen neuen Kunden an Land ziehen."
- „Wenn ich eine positive Stimmung verbreite, kann ich das Team für meinen Vorschlag gewinnen."
- „Wenn ich nett bin, bekomme ich einen Preisnachlass im Verkaufsgespräch."

- „Wenn ich humorvoll auftrete, steigen meine Karrierechancen bei meinem Chef."
- „Wenn ich mit Spaß bei der Sache bin, kann ich meinen Lebenspartner von meinem Traumreiseziel überzeugen."

Lächeln und damit freundlich zu wirken, ist die eine Seite. Wenn es Ihnen darüber hinaus gelingt, humorvoll zu sein und gemeinsam mit Ihrem Gesprächspartner zu lachen, ist auch das dickste Eis gebrochen. Während Sie sich durch selbstformulierte Verstärker freundlich stimmen können, ist dies mit dem Humor nicht so einfach. Ob ich humorvoll bin und meine Umwelt mich auch so wahrnimmt, hat viel mit der eigenen Persönlichkeit tun. Nicht jeder von uns ist ein geborener Heinz Erhardt, Hape Kerkeling oder Loriot. Dennoch ist es möglich, die persönliche Wirkung mit mehr Humor zu spicken.

Fangen Sie mit Ihrer Einstellung an. Dazu haben Sie bereits einiges erfahren. Wenn Sie sich zielgerichtet darauf trainieren, freundlich und nett zu erscheinen, dann wird dies Schritt für Schritt zum Selbstläufer. Sie werden merken, dass Sie aus sich heraus lächeln können. Das ist die erste Stufe zum Humor, denn auch dieser ist nur echt und damit wirksam, wenn er von innen kommt. Sie haben sicherlich schon Menschen erlebt, die gewollt lustig sein wollten. Das funktioniert nicht. Wir merken dies sofort. Aber was macht nun einen authentischen und herzerfrischenden Humor aus, der Ihnen auch den gewünschten Erfolg bringt?

- **Das Thema.** Sie brauchen zunächst ein gemeinsames Thema, also eine inhaltliche Brücke zum anderen. Das ist bei fremden Personen sehr schwierig. Deshalb ist es in solchen Situationen wichtig, dass Sie Ihr Gegenüber erst einmal durch das Gespräch kennenlernen. Dann können Sie leichter einschätzen, welcher Humor-Typ sie oder er sein könnte. Bei dem einen kommt ein Blondinen-Witz super an, ein anderer mag den britischen Sarkasmus, wieder ein anderer liebt den unterschwelligen Humor und ein Vierter hat es gerne anspruchsvoll-intellektuell. Zwischen Mario Barth, Monty Python und Loriot gibt es viele Spielvarianten des Humors.

- **Der Mut.** Das Zweite, was Sie brauchen, ist Mut. Mehr Mut zur Witzigkeit. Humorvoll und witzig zu sein, erfordert es, dass Sie über Ihren Schatten springen und bereit sind, eine Grenze zu überschreiten. Auch wenn Sie erahnen können, auf welche Art von Humor Ihr Gesprächspartner wahrscheinlich anspringt, ist es dennoch immer ein Risiko. Der beste Witz kann zur falschen Zeit kommen. Nehmen Sie auch dies mit Humor. Sie werden feststellen, dass es meistens passt und klappt. Klappt es mal nicht, so what! So ist das Leben.

- **Der Zeitpunkt.** Nun sind wir bereits beim dritten wichtigen Aspekt: dem richtigen Zeitpunkt. Das heißt zum einen, dass eine humorvolle Äußerung zum Thema, zu den anwesenden Personen und zur Situation passen muss. Zum anderen funktionieren Humor und Witzigkeit nur aus dem Moment heraus. Fällt Ihnen spontan nichts Witziges ein, dann suchen Sie nicht verzweifelt und krampfhaft danach.

- **Selbst-Ironie.** Wenn Sie über sich selbst lachen können, haben Sie das vierte wichtige Element für einen humorvollen Auftritt. Damit zeigen Sie Stärke und ein gesundes Selbstbewusstsein. Wer über sich selbst lachen kann, ist sich seiner Stärken bewusst, denn er kann über seine Schwächen witzeln.

Tipps aus der Praxis für die Praxis:

- Sammeln Sie witzige Erlebnisse, die Ihnen passiert sind oder die Sie mit anderen Menschen erlebt haben. Merken Sie sich diese Situationen, indem Sie ihnen einen Titel geben oder sie aufschreiben. Wenn Sie der Situation einen Titel geben, funktioniert es allerdings besser. Sie bleibt Ihnen im Gedächtnis und Sie können die Geschichte spontan zum Besten geben.

- Probieren Sie Witze, humorvolle Beiträge und amüsante Geschichten zunächst einmal in unverfänglichen Situationen aus. Bei der nächsten Taxi-Fahrt, beim nächsten Friseur-Besuch oder beim nächsten Verkaufsgespräch, bei dem Sie als Kunde auftreten. So bekommen Sie ein Gefühl für Ihren Humor und die daraus resultierende Wirkung.

- Merken Sie sich ein paar Witze aus den oben angesprochenen Bereichen: einfach, schwarz-sarkastisch, unterschwellig-spitzfindig und anspruchsvoll-intellektuell. Diese können Sie dann situativ ausspielen.

- Üben und trainieren Sie das Witze-Erzählen im privaten Bereich. Lassen Sie sich Feedback geben, was Sie noch verbessern können, damit Sie authentisch-humorvoll wirken.

- Suchen Sie sich humorvolle Menschen, mit denen Sie ab sofort mehr Zeit verbringen. Gehen Sie mit dem Spaßvogel in Ihrer Abteilung doch mal öfter gemeinsam mittagessen. Lassen Sie sich von ihm inspirieren. Gucken Sie sich was von ihm ab. Lernen Sie von ihm.

- Nehmen Sie einen Stift quer zwischen Ihre Zähne. Ihre Mundwinkel nehmen so eine lächelnde Form an, das heißt, Sie lächeln automatisch auf diese Weise. Gleichzeitig wirkt sich dies positiv auf Ihre Stimmung aus.

Sie haben es in der Hand!

Ihre Gestik

Sind Ihr Blick und Ihr Lachen das schmückende Beiwerk Ihres überzeugenden Ausdrucks, bringen Ihre Hände und Arme die notwendige Portion Schwung, Pep und Elan mit. Unsere Gesten verraten
auf diese Weise eine Menge über uns. Hände sprechen Bände! Diese
Aussage klingt einleuchtend und einfach. Aber vielleicht haben Sie
auch schon Situationen erlebt, in denen Sie nicht wussten, was Sie mit
Ihren Händen machen sollten. Authentisch und überzeugend wirken
Sie, wenn Ihre Gesten das Gesagte bildhaft, lebendig und dazu passend unterstützen.

Bevor wir uns damit beschäftigen, welche Gesten positiv und welche negativ wirken und wie Sie Ihre Handarbeit verbessern können, noch ein paar Worte zur Hardware. Sorgen Sie immer dafür,
dass Ihre Hände und Nägel sauber und gepflegt sind. Das ist ein
absolutes Muss! Ich habe viele Menschen kennengelernt, die darauf
großen Wert legen. Ein schmutziger Fingernagel kann bereits ein
Ausschlusskriterium für Sympathie und Vertrauen sein. Nehmen
Sie einmalig 20 Euro in die Hand und versorgen sich mit einer
anständigen Nagelschere und einer guten Feile. Sich tagsüber zwischendurch mal die Hände waschen soll zudem helfen, die Hände
sauber zu halten.

Unabhängig von der konkreten Geste wirkt generell eine offene und
sichtbare Handinnenfläche positiver als der gezeigte Handrücken.
Eine offene Handinnenfläche wirkt offen, einladend, ehrlich und
herzlich. Dominiert der sichtbare Handrücken, ist dies ein Zeichen
dafür, dass Sie etwas verbergen, unterdrücken, zurückhalten oder
ablehnen wollen. Stellen Sie sich einen Redner vor, der sein Publikum
herzlich willkommen heißt und dabei gestikuliert, als würde er mit
beiden Händen etwas herunterdrücken. Das passt nicht zusammen

und irritiert. Wenn Sie dagegen Ihre Arme und Hände fächerartig ausbreiten, spürt jeder, dass Sie es ehrlich meinen. Offene Gesten wirken positiv. Wenn Sie jemandem zuwinken, um ihn zu grüßen, sind Ihre Handinnenflächen offen und sichtbar. Damit drücken Sie aus, dass Sie sich freuen. Wenn Sie vor jemandem stehen und sagen „Ich sage Ihnen ganz ehrlich, dass ...“ und dabei die Arme und Hände öffnen, weiß der andere, dass Sie es auch ehrlich meinen. Wenn Sie zum Beispiel ein Kind einladen möchten, mit Ihnen etwas gemeinsam zu machen, reichen Sie ihm die offene Hand. Dann steigen Ihre Chancen erheblich. Bereits Kinder wissen instinktiv, ob Sie Ihnen vertrauen können oder nicht. Eine kleine Geste hat für ein Kind eine große Bedeutung.

Ihre offenen Handinnenflächen zu zeigen bedeutet zugleich, dass Sie Ihre Hände überhaupt zeigen sollen. Alle Gesten, die versteckt stattfinden und dazu führen, dass Ihre Hände nicht zu sehen sind, wirken negativ. Zum einen nehmen Sie die Dynamik aus Ihrer Körpersprache, zum anderen verstecken Sie etwas dadurch. Denken Sie über folgende typische Gesten nach:

- Die Hände hinter dem Rücken. Das ist eine typische Denkerhaltung, die steif, nachdenklich, abwartend oder hinter dem Berg haltend wirken kann.

- Beide Hände in den Hosentaschen. Das kann gleichgültig, desinteressiert, gelangweilt oder gar arrogant scheinen.

- Die Hände unter dem Tisch. Das kann unsicher, zurückhaltend, schüchtern oder nervös wirken.

- Verschränkte Arme vor der Brust. Sie können verschlossen, abweisend, teilnahmslos oder unbeteiligt erscheinen.

- Hände verschränkt hinter dem Kopf. Das kommt oft als arrogant, überheblich und dominant an.

Bei allen Gesten seien Sie bitte vorsichtig, ob Sie diese richtig deuten. Sie sollten Gesten immer im Zusammenhang mit anderen körpersprachlichen Signalen betrachten. Meistens signalisieren die verschränkten Arme vor der Brust Ablehnung. Manchmal sagen Sie aber auch „Ich fühl mich wohl und mache es mir bequem." oder „Mir ist kalt.". Jemand, der seine Arme verschränkt, dabei aber Ihren Blickkontakt erwidert und lächelt, hört interessiert und relaxt zu.

Darüber hinaus gibt es Gesten, die nicht an sich negativ sind, aber einen eher schlechten Eindruck hinterlassen können. Dazu gehören die Verlegenheitsgesten, die Unsicherheit und Nervosität ausdrücken:

- Das Kratzen am Hinterkopf
- Das Zupfen am Jackett oder an der Bluse im Bereich des Handgelenks
- Das Zupfen an Ohren, Hals und Kragen
- Das Massieren der Nasenspitze
- Das verkrampfte Händereiben
- Das hektische Klopfen und Bewegen der Finger
- Das Streichen der Haare hinter die Ohren

An dieser Stelle noch ein wichtiger Hinweis: Sie können Ihre Körpersprache nicht hundertprozentig kontrollieren. Gerade die Verlegenheitsgesten können Sie schwer einfach abstellen. Dazu ist es notwendig, an Ihre Einstellung zu gehen. Wie steht es um Ihr Selbstwertgefühl und Ihr Selbstbewusstsein? Welche Glaubenssätze arbeiten im Hintergrund? Was treibt Sie an oder eben nicht? Hier liegt meistens der Grund für Lampenfieber.

Achten Sie aber nicht nur auf Ihre negativ wirkenden Gesten, sondern lernen Sie auch, positive Bewegungen gezielter einzusetzen. Das ist kein Aufruf dazu, Gesten generell einzustudieren. Dennoch kann es hilfreich sein, bestimmte Gesten in der Praxis auszuprobieren. Dann bekommen Sie selbst ein Gefühl dafür, ob sie zu Ihnen passen und ob Sie sich damit identifizieren können. Lassen Sie sich nicht davon abschrecken, dass eine neu eingesetzte Geste unbeholfen und künstlich wirkt. Das ist normal, weil sie neu und ungewohnt ist. Das ist das Prinzip des Lernens. Als Sie Fahrrad fahren gelernt haben, werden Sie die ersten Male auch gewackelt, das Gleichgewicht verloren haben oder sogar gestürzt sein. Trotzdem lief es irgendwann rund und flüssig, ohne dass es unnatürlich und komisch ausgesehen hat. Merken Sie jedoch, dass etwas nicht funktioniert oder passt, dann lassen Sie es. Dann ist es eine Geste, die nicht zu Ihnen passt und Ihr authentisches Bild ankratzen würde. An folgenden Gesten können Sie sich ausprobieren, um zu testen, ob sie zu Ihnen passen und wie sie wirken:

- **Die Vergrößerungs-Geste:** Ihre Unterarme sind nach vorne gerichtet und bilden einen 90-Grad-Winkel zu den Oberarmen. Die Handinnenflächen sind offen, nach oben gerichtet und sehr dicht beieinander. Wenn Sie nun etwas Großes überzeugend darstellen wollen, ziehen Sie beide Hände nach außen und spreizen Ihre Finger. Dadurch öffnen Sie den kleinen Spalt und der Abstand zwischen Ihren beiden Händen wird größer. Wie ausladend und theatralisch Sie das machen, hängt vom Thema und Ihrer Person ab. Setzen Sie diese Geste ein, wenn Sie zum Beispiel von Umsatzsteigerungen, Expansionsplänen, erreichten Zielen oder Zeit- und Kostenersparnissen reden. Diese Geste macht Großes noch größer.

- **Die Verkleinerungs-Geste:** Sie funktioniert genau umgekehrt wie die Vergrößerungs-Geste. Die Bewegung geht von außen nach innen. Diese Geste eignet sich zum Beispiel, wenn Sie vereinfachte Prozessabläufe, reduzierte Kosten, gelöste Probleme oder Details darstellen wollen.

- **Die Zerteilungs-Geste:** Ihre Unterarme sind auch hier nach vorne gerichtet und bilden einen 90-Grad-Winkel zu den Oberarmen. Die Handinnenflächen verlängern den Arm und bilden einen fiktiven 90-Grad-Winkel zum Boden. Wenn Sie beide Hände nutzen, sind die Handinnenflächen zueinander gerichtet. Wenn Sie nun einen Unterarm oder beide ein paar Mal hoch und runter bewegen, teilen Sie etwas ein. Sie zerteilen den Raum und unterstützen damit das, was Sie inhaltlich zerteilen wollen. Diese Geste passt zum Beispiel, wenn Sie ein Thema zergliedern, einzelne Aspekte ansprechen, etwas Schritt für Schritt zeigen oder Punkte auflisten.

- **Die Zahlen-Geste:** Die einfachste Geste, die es gibt. Wenn Sie Zahlen bis zehn erwähnen, zeigen Sie diese einfach mit Ihren Fingern an. Wenn Sie von drei wichtigen Punkten sprechen, heben Sie drei Finger hoch. Auch hierbei sollten Sie darauf achten, dass alle gezeigten Zahlen mit der Handinnenfläche zum Gegenüber oder zum Publikum zeigen.

- **Die Stabilitäts-Geste:** Auch diese Geste arbeitet damit, dass Ihre Unterarme nach vorne gerichtet sind und einen 90-Grad-Winkel zu den Oberarmen bilden. Die Handinnenflächen sind dicht zusammen und zeigen nach oben, so als ob Sie das Gewicht zweier Äpfel vergleichen wollen. Wenn Sie dann die Unterarme leicht wippen lassen, geben Sie Ihrem Thema ein stabiles Fundament. Sie untermauern damit wichtige Aussagen, schaffen den Boden für ein Argument oder demonstrieren eine sichere Basis.

- **Die Halbmond-Geste:** Diese Geste ist eine kombinierte Geste. Sie benutzen eine der oben stehenden Gesten, also zum Beispiel die Vergrößerungs-Geste. Sie nehmen diese Arm- und Handhaltung links von Ihrem Körper ein und bewegen beides halbkreisförmig auf die rechte Seite. So haben Sie einen virtuellen Halbmond im Raum gezeichnet. Mit dieser Geste können Sie Vergleiche und Verschiebungen sehr gut darstellen: So war es gestern, so ist es heute. Das ist Produkt A, das ist Produkt B. Wir fahren von Hamburg nach Berlin. A ist gegen B ausgetauscht worden.

- **Die Taktungs-Geste:** Hierbei lassen Sie einen Arm seitlich an Ihrem Körper herunterhängen. Der andere Unterarm ist nach vorne gerichtet und bildet einen 90-Grad-Winkel zum Oberarm. Daumen und Mittelfinger berühren sich und bilden einen Kreis, der Zeigefinger darüber zeigt nach vorne. Wenn Sie nun etwas Wichtiges sagen, wippen Sie langsam und ruhig mit Ihrer Hand und schlagen dadurch einen Takt an. Sie betonen so das Gesagte, geben ihm Dynamik und verstärken die Überzeugungskraft. Wichtig ist, dass Sie Ihre Worte parallel dazu entsprechend betonen. So entsteht eine gemeinsame Taktung wie bei einem Lied. Auch dort sollte der Gesang zur Melodie passen.

- **Die Vereinnahmungs-Geste:** Hierbei sind Ihre Unterarme nach vorne gerichtet und bilden einen 90-Grad-Winkel zum Oberarm. Ihre Hände sind schräg nach oben gerichtet und bilden die Form einer Halbkugel. Wenn Sie zwei Tennisbälle in die Hand nehmen, haben Sie den optimalen Händeabdruck. Wenn Sie nun die Finger ein wenig bewegen, bekommt diese Geste ihren vereinnahmenden Charakter. Sie können Sie einsetzen, wenn Sie andere Menschen für sich gewinnen möchten, wenn Sie „Packen wir's an" zeigen wollen oder dass etwas bereits brodelt und wartet, angegangen zu werden.

- **Die Jesus-Geste:** Diese Geste kennen Sie. Die Arme sind nach oben ausgebreitet wie zwei Flügel, die Handinnenflächen zeigen zum Publikum. Sie gehört zu den großen Gesten, die Sie vor großem Publikum nutzen können. Am runden Tisch mit drei Personen wirkt sie zu dick aufgetragen. Sie demonstriert absolute Offenheit und Sicherheit: „Schaut her, ich bin der Richtige." könnte eine damit zu verstärkende Aussage sein. Diese Geste nutzen Sie, wenn Sie hundertprozentig von sich überzeugt sind und das Publikum einladen wollen, Ihnen auch zu folgen. Wirtschaftsbosse und Politiker arbeiten gerne mit dieser Geste. Auch Entertainer, wenn sie die Bühne betreten, um sich erst einmal feiern zu lassen.

Über diese neun Gesten hinaus gibt es noch viele weitere. Alle möglichen Gesten zu analysieren, würde aber ein ganzes Buch erfordern. Der Vorteil der beschriebenen Gesten ist, dass sie typisch, vertraut, positiv und vor allem prägnant sind. Sie können sie leicht ausprobieren, um zu testen, ob Sie zu Ihnen passen und überzeugend wirken.

Gesten haben noch einen weiteren entscheidenden Vorteil: Sie verankern Gesagtes stärker im Gedächtnis. Wenn Sie Ihren Kunden davon überzeugen wollen, dass er mit Ihrem Konzept 1.000 Euro Kosten pro Monat sparen kann, dann klingt das gut. Wenn Sie den Klang des Gesagten noch bewusster machen wollen, begleiten Sie die 1.000 Euro mit einer Geste. Sprechen Sie die „1.000 Euro Sparpotenzial pro Monat" betont und langsam aus und begleiten dies mit der Taktungs-

Geste. Das Gesagte und Gesehene wirken viel stärker. Die 1.000 Euro werden greifbar und spürbar. Diese Summe monatlich sparen zu können, geht unter die Bauchdecke. Worte und Gesten sind das perfekte Paar, um sicher und überzeugend zu sein. Worte alleine sind statisch, Gesten geben ihnen Dynamik. Worte sind sachliche Informationen, Gesten sind Gefühls-Ereignisse. Nur wenn Sie sich bewegen, können Sie auch andere Menschen bewegen.

Tipps aus der Praxis für die Praxis:

- Bei Reden und Präsentationen wirkt es positiver, wenn Sie Ihre Arme in Bauchhöhe bewegen und sprechen lassen. Halten Sie Ihre Arme verschränkt vor der Brust, verstecken Sie sie hinter Ihrem Rücken oder verstecken Sie beide Hände in Ihren Hosentaschen, wirkt dies negativ. Nehmen Sie deshalb in diesen Situationen einen Filzstift in die Hand. Bitte keinen Kugelschreiber, denn das Drücken der Mine nervt und lenkt ab. Der Filzstift zentriert automatisch Ihre Arme und Hände vor Ihrem Körper in Bauchhöhe. Die Frage, wohin mit den Händen, haben Sie auf diese Weise clever gelöst.

- Bei einem Verkaufsgespräch ist es wichtig, ruhig zu gestikulieren. Rudern Sie wild mit Ihren Armen herum, wirkt dies nervös, beunruhigend und unsicher auf Ihren Gesprächspartner. Nehmen Sie hier einen Kugelschreiber in die Hand und legen Sie einen Block vor sich hin. Diese Hilfsmittel lenken die Aufmerksamkeit sowie Ihre Arme und Hände auf diesen Bereich. Machen Sie sich immer dann Notizen, wenn Sie das Gefühl haben, Ihre Hände wollen sich selbstständig so bewegen, wie Sie es nicht wollen.

- Suchen Sie sich eine Geste aus, die Sie erst einmal ausprobieren wollen. Packen Sie nicht das gesamte Gesten-Repertoire aus. Zu dieser Geste formulieren Sie einen Satz, den die Geste unterstützen soll und der inhaltlich dazu passt. Das ist Ihr Übungsfeld. Diesen Satz verbunden mit der Geste probieren Sie regelmäßig am

Tag zwischendurch aus und trainieren sie. Das können Sie zum Beispiel machen, wenn Sie alleine im Fahrstuhl fahren, an der roten Ampel stehen oder zu Hause vor dem Spiegel. Nach ein paar Tagen wechseln Sie die Geste und kreieren einen neuen Übungssatz. Auf diese Art und Weise probieren Sie alle Gesten aus und können am Ende entscheiden, welche Sie demnächst in wichtigen Situationen einsetzen wollen.

• Gehen Sie das Thema spielerisch an. Hervorragende und zugleich lustige Spiele sind „Tabu" und „Activity". Bei diesen Spielen müssen Sie gestikulieren, sonst können Sie nicht spielen. Beide Spiele schulen enorm Ihren Bewegungsapparat.

Hinsetzen – Aufstehen – Weitergehen

Ihre Körperhaltung

Sie stehen, Sie sitzen und Sie gehen. Und dabei haben Sie immer eine bestimmte Haltung. Ihre Körperhaltung verrät viel über Sie, denn die Körperhaltung spiegelt die innere Haltung wider. Dadurch offenbaren Sie, in welcher Verfassung Sie gerade sind. Im Gegenzug können Sie durch eine bewusste Körperpositionierung Ihre Einstellung beeinflussen.

Beim Improvisationstheater spricht man von einem Hoch- und Tiefstatus. Der Hochstatus verkörpert Dominanz, Selbstsicherheit und Führungsanspruch. Der Tiefstatus verkörpert Zurückhaltung, Angepasstheit und Unsicherheit. Gerade an der Körperhaltung können Sie den aktuellen Status am besten ablesen. Er zeigt sich auch durch andere körpersprachliche Signale und die Art zu sprechen, aber die Haltung vermittelt bereits einen ersten aussagekräftigen Eindruck.

Typische Merkmale eines Tiefstatus sind:

- Ein wackeliger und unruhiger Stand
- Hängende Schultern
- Ein gesenkter Kopf
- Zögerlicher Gang
- Eingefallene Sitzposition

Typische Merkmale eines Hochstatus sind:

- Gerade Schultern und breite Brust
- Fester, sicherer Stand
- Nach vorn gerichteter Kopf
- Zügige Gangart
- Aufrechte Sitzposition

Je nach Situation und Ziel, das Sie verfolgen, können beide Status-Positionen hilfreich sein. Grundsätzlich ist der eine Status nicht besser als der andere. Wenn Sie allerdings andere Menschen überzeugen und begeistern wollen, sicher und selbstbewusst wirken wollen, dann ist der Hochstatus Ihr Erfolgsgarant. Oder haben Sie bei Dieter Bohlen, Gerhard Schröder, Franz Beckenbauer, Bruce Willis oder Heidi Klum schon einmal hängende Schultern, einen gesenkten Kopf und eine unsichere Gangart gesehen? Wenn Sie sich entschuldigen, kondolieren, eine Liebeserklärung machen, jemanden um einen Gefallen bitten oder Trost suchen, dann ist ein Tiefstatus angemessen und zielführend. Wenn Sie jedoch überzeugen wollen, sollte Ihr Körper bereits Ihr Überzeugtsein ausstrahlen.

Was Sie für Ihre Einstellung und innere Haltung tun können, wurde Kapitel 1 dieses Buches thematisiert. Nun geht es um die Frage, wie Sie diese Haltung auch körperlich ausdrücken können.

Im Stehen:

- Stehen Sie fest mit beiden Beinen und Füßen auf dem Boden. Ihre gesamte Fußsohle berührt den Boden. Der Abstand zwischen den Füßen sollte etwa schulterbreit sein. Ihre Knie sind ganz leicht gebeugt, sodass Sie beweglich sind. Pressen Sie Ihr Gesäß leicht zusammen. So nehmen Sie eine standfeste und sichere Position Ihres Unterkörpers ein.

- Ergänzen Sie diese Haltung durch einen aufrechten Oberkörper. Ihre Schultern sind gerade, Ihre Brust ist weder eingefallen noch herausgestreckt. Das Brust-raus-Prinzip kann bereits überheblich und zu überzeugt von sich wirken.

- Und nun Ihr Kopf. Auch er ist gerade. Zeigt Ihr Kinn nach oben, kann dies bereits arrogant wirken. Zeigt Ihr Kinn nach unten, wirken Sie schüchtern und verlegen.

- Ihr Kopf, die Brust und die Schultern sowie die Beine und Füße bilden eine standfeste Einheit. Das ist ein selbstsicherer und überzeugender Hochstatus.

Im Sitzen:

• Sitzen Sie grundsätzlich auf der gesamten Sitzfläche. Das wirkt überzeugend, denn Sie sind selbstbewusst genug, den Sitzraum für sich zu beanspruchen. Wenn Sie auf der Stuhlkante sitzen, wirken Sie entweder unsicher oder flüchtend. Sie sind auf dem Sprung raus aus der Situation. Zudem ist es auf Dauer ungemütlich. Ob Sie sich an die Rückenlehne anlehnen oder frei gerade sitzen, entscheiden Sie selbst.

• Auch für das Sitzen gilt: Stehen Sie fest mit beiden Beinen und Füßen auf dem Boden. Ihre gesamte Fußsohle berührt den Boden. Zumindest in den Situationen, in denen Sie überzeugen wollen. Wie wollen Sie überzeugen ohne Sitzfestigkeit?

• Abhängig vom Gesprächsverlauf können Sie dann Ihre Haltung variieren. Sie sollen schließlich nicht festgenagelt und steif erscheinen. So können Sie sich zwischendurch etwas vorbeugen, das wirkt engagiert. Sie können die Beine übereinanderschlagen, das wirkt entspannt und zeigt, dass Sie sich wohlfühlen. Das übergeschlagene Bein sollte aber immer zum Gesprächspartner zeigen, denn das wirkt offen und zugewandt.

Beim Gehen:

• Hier gilt für den Oberkörper zunächst einmal das, was beim Stehen auch zutrifft. Auch beim Gehen ist es wichtig, aufrecht zu gehen und Kopf und Schultern gerade zu halten.

• Begleiten Sie Ihren Gang mit leicht schwingenden Armen. So wirken Sie sicher und dynamisch.

• Ihre Schritte sollten Ihrer Körpergröße angemessen sein. Dennoch wirken Sie selbstbewusster, wenn Sie tendenziell größere Schritte machen. Kleine Schritte wirken unsicher, verhalten und zögerlich. Große Schritte symbolisieren, dass Sie auch große Schritte machen können, um vorwärts zu kommen und etwas zu erreichen. Wenn Sie größere Schritte machen, werden Sie automatisch schneller gehen. Auch das Tempo signalisiert, dass Sie schwungvoll und energiegeladen die Dinge anpacken wollen.

- Auch Ihre Füße sprechen. Wenn Ihre Füße geradeaus zeigen, signalisieren Sie, dass Sie selbstbewusst nach vorne gehen wollen. Latschen Sie wie Goofy durch den Raum, also mit den Fußspitzen nach außen, wirken Sie eher zerstreut und zu lässig. Zeigen Ihre Fußspitzen nach innen, verringert sich automatisch Ihre Schrittgröße. Sie wirken dadurch eher unentschlossen und zurückhaltend.

Tipps aus der Praxis für die Praxis:

- Ihre Kopfhaltung können Sie trainieren, indem Sie einen Gegenstand auf Ihren Kopf legen. Nehmen Sie zum Beispiel ein Buch, einen Plastikeimer oder einen Apfel und legen Sie den Gegenstand auf Ihren Kopf. Wenn der Gegenstand nicht herunterfallen soll, bleibt Ihnen nichts anderes übrig, als Ihren Kopf gerade zu halten. So bekommen Sie ein Gefühl für eine gerade Kopfhaltung.

- Ihren Oberkörper, also Ihre Schultern und Ihre Brust, trainieren Sie am besten mit einer Wand oder einem Stuhl. Lehnen Sie Ihren Rücken an die Wand oder die Rückenlehne und achten darauf, dass der ganze Rücken flach anliegt. Bleiben Sie erst einmal so stehen oder sitzen. Wenn Sie sich in diese Position eingefunden haben, gehen Sie von der Wand weg oder schieben sich auf dem Stuhl etwas nach vorne. So bekommen Sie ein Gefühl für eine gerade Oberkörperhaltung.

- Um Ihre Bein- und Fußstellung zu trainieren, verknoten Sie Ihre Schnürsenkel. Wenn Sie nun die Bänder straffen, sollte der Abstand Ihrer Schulterbreite entsprechen. Nun legen Sie zwischen Ihre Füße einen festen Gegenstand, der etwa die Größe des Abstandes hat: einen Ziegelstein, einen Teller, eine Wasserflasche oder eine schwere Tasche. Bleiben Sie ein paar Minuten so stehen und erzählen etwas. So bekommen Sie ein Gefühl für Ihre standfeste und schulterbreite Bein- und Fußstellung.

- Ihre selbstbewusste Schrittgröße können Sie gut mit Markierungen trainieren. Probieren Sie vor dem Spiegel verschiedene Schrittgrößen aus. Diejenige, die selbstbewusst wirkt und zugleich körperlich entspannt ist, ist die richtige. Schließlich sollen Sie sich keine Muskelzerrungen bei Ihren großen Schritten holen. Messen Sie den Abstand mit einem Lineal oder Zollstock nach. Dann suchen Sie sich draußen eine freie und ungestörte Fläche, nehmen ein Stück Kreide und markieren den optimalen Schrittabstand auf dem Boden. Markieren Sie ruhig eine längere Strecke. Dann laufen Sie Ihren Parcour auf und ab. Schauen Sie anfangs noch auf den Boden, um die Schrittgröße einzustudieren. Dann schauen Sie nach oben und lassen Ihrem Gang freien Lauf. So bekommen Sie ein Gefühl für Ihren selbstbewussten Gang.

Kleider machen erfolgreiche Leute!

Ihre Kleidung

Ohne Zweifel, unser äußeres Erscheinungsbild ist ebenso entscheidend für den ersten Eindruck und darüber hinaus. Überlegen Sie einmal, wie oft Sie Menschen schon nach Ihrem Äußeren eingeschätzt haben. Wie oft haben Sie sich bereits über die Kleidung, die Frisur, die Brille, den Lippenstift oder den Schmuck lobend geäußert oder den Kopf geschüttelt? Das machen wir alle. Völlig normal und absolut okay. Es zeigt nur, wie stark schmückendes Beiwerk auf uns wirkt. Und die Meinungen, die wir uns aufgrund dessen bilden, reichen von überzogenen Lobeshymnen bis hin zu vernichtenden Urteilen.

Dieses Buch enthält keine detaillierte und individuelle Farb-, Stil- und Typ-Beratung. Dazu gibt es reichlich fundierte und kompetente Literatur. Zudem würde es den Rahmen dieses Buches sprengen. Dennoch gehört zu Ihrer Schokoladenseite eine optische Aufmachung, die Ihre Überzeugungskraft wirkungsvoll unterstreicht. Also sind ein paar Anregungen und Tipps hilfreich auf Ihrem Weg zum überzeugenden Auftritt.

Kleider machen Leute! Dies hat Gottfried Keller bereits eindrucksvoll in seiner gleichnamigen Novelle gezeigt. Ein armes Schneiderlein, das wenig zu bieten hat, wird allein wegen seines wunderschönen Mantels für einen Grafen gehalten. Denken Sie in diesem Zusammengang nur an die Typen und deren Erscheinungsbild, die Hape Kerkeling im Laufe seiner Karriere geschaffen hat. Mit der perfekten Kleidung können Sie manch einen Menschen blenden.

Die richtige Kleidung zu finden ist Arbeit. Es geht um Farben, Stoffe, Passformen und Schnitte. Und ein Vorurteil sollten wir von vornherein ausräumen: Gute, passende und stilvolle Kleidung muss nicht zwangsläufig teuer sein. Ganz nach dem Motto: Wer Geld hat, hat auch Stil. Viele Menschen mit kleinem Geldbeutel wissen sich optimal zu kleiden. Dagegen können Sie bei manchen betuchten Personen nur die Hände über den Kopf zusammenschlagen.

Bringen Sie ein bisschen Farbe in Ihr Leben!

Es gibt inzwischen professionelle Farb- und Typ-BeraterInnen, die Sie unterstützen können, Ihre für Sie passenden Farben zu finden. Denn nicht jede Farbe steht und passt zu Ihnen. Darüber hinaus ist es hilfreich zu wissen, welche Farben welche Wirkung haben. Für Ihren Auftritt kann dies entscheidend sein.

Bei der Farb-Beratung dienen die vier Jahreszeiten als Typisierung. Wenn Sie dann wissen, ob Sie der Frühlings-, Sommer-, Herbst-, Winter- oder ein Mischtyp sind, wissen Sie auch, welche Farben Ihren Typ am besten unterstreichen. Darüber hinaus sollten Sie die Wirkung der wichtigsten Farben kennen:

- Rot wirkt dominant, anregend, energiegeladen, selbstbewusst und leidenschaftlich.
- Gelb wirkt aktiv, fröhlich, optimistisch, offen und frisch.
- Blau wirkt seriös, zuverlässig, ruhig, vertrauenswürdig und vernünftig.
- Grün wirkt beruhigend, harmonisch, selbstbewusst, hoffnungsvoll und friedlich.
- Weiß wirkt rein, frisch, sauber, unschuldig und neutral.
- Schwarz wirkt elegant, feierlich, stark, geheimnisvoll und raffiniert.
- Grau wirkt seriös, sachlich, neutral, feierlich und unauffällig.
- Braun wirkt gesellig, gemütlich, freundlich, solide und stabil.
- Lila wirkt extravagant, selbstsicher, fantasievoll, mutig und kreativ.
- Rosa wirkt sanft, zugänglich, beruhigend, unschuldig und sensibel.

- Orange wirkt fröhlich, stimmungsvoll, aufgeschlossen, warm und anregend.

Entscheiden Sie, wie Sie wirken wollen, dann können Sie die passenden Farben dazu auswählen. Man kann sich über die Form und den Stoff von Angela Merkels Jacken streiten, dennoch versteht sie es, mit den Farben zu spielen. Achten Sie einmal genauer drauf, zu welchen Anlässen sie welche Farben trägt. Diese Frau macht sich Gedanken, oder andere für sie. Bei Wahlkampfveranstaltungen und Parteitagen trägt sie gerne Rot. Da ist sie die Powerfrau und Motivatorin. Zu Koalitionsrunden und Verhandlungen kommt sie gerne in Grün. Da ist sie die Moderatorin und Streitschlichterin. Zu den wöchentlichen Pressekonferenzen erscheint sie gerne mal in Orange. Da ist Sie die Überbringerin guter Botschaften und verbreitet Optimismus. Bei Thomas Gottschalks bunten Kostümen dagegen weiß man manchmal nicht mehr so genau, welche Haltung sie unterstreichen sollen.

Farben sind die eine Seite der Medaille. Die andere Seite fragt nach Standards, allgemeingültigen Vorschriften und Stilvorgaben für Bekleidung. Hier gibt es zwei Möglichkeiten: Entweder Sie pfeifen auf alle Regeln der Etikette, brechen mit üblichen Standards und leben das Image eines „bunten Hundes". Wenn es zu Ihnen passt und Sie wirklich so sind, tun Sie es. Das ist authentisch und führt zum Erfolg. Denken Sie an die junge Gloria von Thurn und Taxis, den frühen Joschka Fischer, Steve Jobs, Nina Hagen oder Thomas Gottschalk.

Oder Sie orientieren sich an grundlegenden Standards, die allgemeingültig sind und gesellschaftlich akzeptiert werden. Dann sollte Ihre Kleidung grundsätzlich zu Ihnen, zum Anlass und zu Ihrer Branche passen. Hier noch einige Tipps zu Ihrem Outfit:

- Orientieren Sie sich an dem Produkt, für das Sie stehen und das Sie verkaufen wollen. Verkaufen Sie als Makler, Designer oder Autohändler Luxus, dürfen Sie luxuriös gekleidet sein. Verkaufen Sie als Werbefachmann, Schmuckverkäufer oder Galerist Kreativität, darf Ihr Outfit kreativ sein. Verkaufen Sie als Bankangestellter, Unternehmensberater oder Versicherungsexperte Seriosität, darf Ihre Kleidung seriös sein.

- Ihre Kleidung sollte die richtige Passform haben. Alles, was zu lang, zu kurz, zu eng und zu weit ist, wirkt unüberlegt. Achten Sie darauf, dass Ihre Hosen nicht zu kurz sind, Ihre Blusen- und Hemdsärmel sich nicht am Gelenk bauschen und Ihre Knöpfe spannen, weil Ihr Jackett zwei Nummern zu klein ist. Die falsche Passform Ihrer Kleidung wirkt teilnahmslos und desinteressiert.

- Oben hui, unten pfui. Den Spruch kennen Sie. Leider trifft dies sehr oft auf uns Männer zu. Da kommt er durch die Tür, der elegante Mann mit Top-Designer-Anzug. Wow! Toller Stoff. Super Passform. Brillante Farbe. Und dann der Blick auf die Schuhe, bei deren Anblick jeder aus den eigenen Latschen kippt. Beachten Sie bei Ihren Schuhen vier goldene Regeln:
  1. Schuhe sollten nicht ausgetreten sein. Schuhspanner aus Holz verlängern hierbei enorm die Lebensdauer Ihres Schuhwerks.
  2. Ihre Schuhe sollten immer sauber und geputzt sein. Investieren Sie in ein Schuhputzset.
  3. Gehen Sie regelmäßig zum Schuster und unterstützen dieses eingesessene Handwerk. Abgelaufene Absätze lassen auch Sie abgelaufen erscheinen.
  4. Achten Sie darauf, dass Ihre Schuhe hinsichtlich Farbe, Form und Material zum Rest Ihrer Kleidung passen. Beigefarbene Schuhe, Sandalen oder Turnschuhe zum schwarzen Anzug zum Beispiel stoßen auf wenig Augenfreude.

- Ihre Kleidung sollte immer sauber sein. Flecken und Schmutz sind tabu. Sollten Sie einen wichtigen Termin haben, verzichten Sie vorher auf Ihre heißgeliebten Spaghetti mit Bolognese oder benutzen Sie eine Ganzkörperserviette.

- Ihre Kleidung sollte immer gebügelt sein. Achten Sie vor allem auf die typischen Knitterfalten, die sich bei Anzughosen im Gesäß- und Kniebereich durch das Sitzen bilden. Auch Sitzfalten am Sakko sehen nicht gut aus. Ziehen Sie bei Autofahrten Ihre Jacke aus, das erspart Ihnen den Knitterlook. Verknitterte Kleidung lässt auch Sie verknittert erscheinen.

• Ihre Kleidung sollte immer tadellos sein. Ein loser Faden, ein fehlender Knopf, ein offener Reißverschluss, ein abgewetzter Gürtel oder eine lose Schuhsohle sind nicht akzeptabel. Solche Stilbrüche wirken gedankenlos, unaufmerksam und im schlimmsten Fall schlampig.

„Wie sieht der denn aus?"

Ihr äußeres Erscheinungsbild

Außer durch Ihre Kleidung wirken Sie durch viele andere Details, die Ihren Körper schmücken und verschönern. Auch hierzu ein paar Tipps, denn Kleinigkeiten haben bekanntlich mitunter eine große Wirkung.

Achten Sie auf Ihre Frisur!

Die Frisur gibt Ihrem Gesicht einen Rahmen und sollte sich idealerweise Ihrer Gesichtsform und den Konturen anpassen. Auch hier gilt das oberste Gebot, dass Ihre Haare gewaschen und gekämmt sind. Welche Frisur Ihnen am besten steht und Ihre Schokoladenseite betont, kann Ihnen ein guter Friseur sagen. Mein Tipp: Nehmen Sie ein paar Euro mehr in die Hand und gehen Sie zu einem renommierten Friseur. Das muss kein Starfriseur sein, bei dem unter 100 Euro nichts geht. Aber ein Friseur, der Ihnen einen Haarschnitt für 8 Euro anbietet, ist definitiv nicht gut genug. Für diesen Preis können Sie keine kompetente Beratung erwarten.

Achten Sie auf Ihr Gesicht!

„Das Gesicht ist der Spiegel der Seele." Was Cicero schon wusste, ist heute wissenschaftlich bewiesen. Unsere Einstellung, unsere geistige Haltung, unser Seelenleben sowie unser Lebensstil und -wandel spiegeln sich unseren Gesichtszügen wider. Nicht absolut und ausschließlich, dennoch sagt unser Gesicht viel über uns aus. Ein fröhlicher Mensch, der viel lacht, hat typischerweise Lachfalten. Seine Frohnatur spiegelt sich im Gesicht wieder. Jemand, der über viele Jahre hinweg Sorgen und Ärger hat, weist die typischen Sorgenfalten an der Stirn auf. Überlegen Sie selbst, was Sie zum Beispiel mit tiefliegenden Augen, einem stechenden Blick, hohen Wangen oder einem spitzen Kinn verbinden. Sie verknüpfen damit typische Charakter-eigenschaften, die aus Ihrer Erfahrung herrühren. Dennoch haben wir viele Möglichkeiten, unsere Gesichtszüge zu schmücken. Das ist in Ordnung, sollte aber immer gut überlegt sein. Auch hierzu einige praktische Tipps:

- Ihre Brille sollte zu Ihrem Gesicht passen. So einfach ist das! Lassen Sie sich beraten, am besten von mehreren Optikern, sodass Sie sich eine angemessene Meinung bilden können und die für Sie passende Brille finden. Die Auswahl an Formen, Farben und Materialien ist so groß, da findet jeder sein Gestell. Die falsche Brille kann Sie völlig falsch wirken lassen. Auch hier ist viel Geld nicht das Maß der Dinge. Eine passende Brille muss nicht teuer sein!

- Machen Sie sich Gedanken um Ihren Bart, denn jede Bartform wirkt unterschiedlich. Der Drei-Tage-Bart wirkt unkonventionell, dynamisch und sexy. Doch eben nur bis zu einem bestimmten Alter und wenn er flächendeckend ist. Ein paar langhaarige Fussel im Gesicht wirken ungepflegt. Das ist auch das Stichwort: Achten Sie immer auf einen gepflegten und gestutzten Bart, der in Form geschnitten ist.

- Kaufen Sie sich einen Nasen- und Ohrenrasierer. Haarbüschel im Ohr und in der Nase wirken ungepflegt. Manche finden es sogar ekelig.

- Schminken ist kein Muss! Je weniger Farben, Puder oder Cremes Sie im Gesicht haben, desto echter wirken Sie. Dennoch ist es okay, sein Äußeres durch kosmetische Artikel positiv zu unterstützen. Beachten Sie hierbei zwei Grundregeln:
  1. Weniger ist mehr! Wenn Sie einen knallroten Lippenstift benutzen, müssen nicht auch noch die Augen kunterbunt und die Wangen eingefärbt sein. Manchmal ist es ein schmaler Grat zwischen wirkungsvoll geschminkt und Clowns-Maske.

2. Jedes Make-up sollte zu Ihnen passen. Wenn Sie sich unsicher sind, investieren Sie einmalig in eine Stilberaterin oder Kosmetikerin. Lassen Sie sich zeigen, welche Farben zu Ihnen passen und welche Schminktechniken es gibt.

Achten Sie auf Ihren Schmuck und Ihre Accessoires!

Schmuck und Accessoires sind wörtlich genommen nichts anderes als Beiwerk. Beiwerk hört sich allerdings weniger bedeutsam an, als es tatsächlich ist. Dabei sind es im Leben oft Kleinigkeiten, die eine enorme Wirkung haben. Unterschätzen Sie diesen Bereich Ihrer Schokoladenseite nicht. Er sagt viel über Sie aus! Da allein dieses Thema ein Buch füllen könnte, konzentriere ich mich auf die wichtigsten Wirkungselemente.

- Schmuck kann protzig, prunkvoll, billig oder elegant wirken und Ihren Auftritt begleiten. Grundsätzlich gilt auch hier die Devise: Weniger ist mehr! Ferner sollte Ihr Schmuck immer dezent sein. Dicke Brillanten an den Fingern, Riesen-Creolen an den Ohren, wuchtige Perlenketten oder klobige und klimpernde Armreifen lenken von Ihnen ab und wirken protzig. Darüber hinaus sollte Ihr Schmuck echt sein. Sie sind es schließlich auch! Ein Ring muss nicht teuer sein. Er sollte aber zumindest so aussehen, als hätten Sie ihn nicht aus dem Kaugummi-Automaten gezogen.

- Was für Schmuck gilt, gilt eins zu eins für Ihre Uhr: Dezente Uhren wirken immer ansprechender als große, prahlerische Chronometer. Echte Uhren wirken immer stilvoller als billige Plastikuhren oder aus dem Urlaub mitgebrachte Imitationen bekannter Marken.

- Ihr Terminkalender und Ihr Kugelschreiber sprechen eine eindeutige Sprache. Wenn Sie bei einem Kunden mit Apotheken-Kalender und einem farbenfrohen Kugelschreiber aus Plastik mit Werbeaufdruck vorbeischauen, hinterlassen Sie einen unprofessionellen und billigen Eindruck. Legen Sie sich einen Zeitplaner mit Ledereinband oder einen elektronischen Termin-Kalender zu.

Ergänzen Sie diesen durch einen Kugelschreiber oder Füller mit einem Metallgehäuse. Übrigens sollte auch das Papier, auf dem Sie sich Notizen machen, weiß sein.

- Wenn Sie Ihre Unterlagen gerne verstauen, können Sie dazu eine Handtasche, einen Aktenkoffer, ein Etui oder eine Mappe nutzen. Egal, wofür Sie sich entscheiden, entscheiden Sie sich bitte für die richtige Größe, gutes Material und eine angemessene Farbe. Der Aktentaschenstil im DIN-A4-Format ist eine gute Wahl – nicht zu groß und nicht zu klein. Als Material eignet sich Glattleder oder ein fester Stoff. Ein Leinenbeutel-Look ist die falsche Wahl. Die Farbe sollte gesetzt und unauffällig sein: Grau, Braun, Schwarz, Dunkelblau oder Bordeauxrot sind passend.

- Ihre Visitenkarten sollten immer sauber und glatt sein. Jeder Knick, jedes Eselsohr, jeder Fleck sind tabu. Bewahren Sie Ihre Visitenkarten in einem Etui auf. Das ist nicht nur eleganter, sondern schützt Ihre Karten vor Knicken und Flecken.

- In der Herbst- und Winterzeit regnet es leider sehr viel in Mitteleuropa. Ein Regenschirm ist also absolutes Muss, wollen Sie beim Kunden nicht wie ein begossener Pudel erscheinen. Verzichten Sie auf Regenschirme, die als Werbebanner dienen oder mit Motiven gespickt sind. Einfarbig und dezent sollte er sein. Pink, Neongrün oder Quietschgelb gehören nicht dazu.

- Im Frühjahr und vor allem im Sommer beglückt uns hin und wieder die Sonne mit ihren stechenden Strahlen. Das beste Gegenmittel ist hier die Sonnenbrille. Also im Prinzip eine wunderbare Sache. Dennoch gibt es auch hier Fettnäpfchen. Zum einen sollten Sie wie bei einer normalen Sonnenbrille auf Form, Stil und Größe achten. Von den zu kleinen Nickelbrillen-Gläsern bis zum überdimensionalen Design ist hier alles möglich. Die Mitte trifft es da am besten. Darüber hinaus sollten Sie immer darauf achten, Ihre Sonnenbrille abzunehmen, wenn Sie mit jemandem reden. Leider vergessen dies manche Menschen im Eifer des Gefechts. Es ist sehr unangenehm und zudem unhöflich, mit einem Menschen zu sprechen, dem Sie nicht in die Augen sehen können. Sollten Sie ohne Brille nichts deutlich sehen können, setzen Ihre normale Brille auf.

- Sind Sie Raucher? Wenn ja, ist das völlig okay. Erstes Gebot ist allerdings, Nichtraucherzonen zu beachten und zu respektieren. Machen Sie sich aber ebenso Gedanken über die Marke, die Sie rauchen. Wenn Sie in beruflich-geselliger Runde sitzen und Ihre selbstgedrehten Glimmstängel oder die Billigmarke aus dem Discounter auspacken, ernten Sie bestenfalls ein Naserümpfen. Das gilt auch für Ihr Feuerzeug. Sie brauchen kein goldenes Cartier- oder handsigniertes Dupont-Feuerzeug, aber ein Einwegfeuerzeug sollte es definitiv nicht sein.

Sie haben viele Tipps an die Hand bekommen und erfahren, dass körpersprachliche Signale sowie alles mit dem Körper Verbundene wirkt. Dabei haben Kleinigkeiten gerne große Wirkpotenziale. Ein guter Stil flankiert auf jeden Fall Ihre Schokoladenseite und Ihren authentischen, selbstbewussten und überzeugenden Auftritt. Und: Stil ist keine Frage von Schönheit und Reichtum.

Ihr Sprachniveau und Ihre Wortwahl

Mit wenig Worten viel erreichen

Auch wenn unsere Körpersprache am meisten wirkt, hinterlassen wir mit unserem Sprachniveau und unserer Wortwahl einen zusätzlichen prägnanten Eindruck. Wie wir reden, ist Ausdruck unserer Befindlichkeit. Ob wir selbstbewusst und sicher oder das Gegenteil sind, lässt sich an unserer Wortwahl leicht ablesen. Wir entlarven uns durch unsere Sprache oft unbewusst. Einzelne Worte können trotz gleicher Bedeutung völlig anders wirken. Es ist ein Unterschied, ob Sie von der Putzfrau oder der Reinigungskraft, der Sekretärin oder der Office-Managerin, von billig oder preiswert, von Problem oder Herausforderung, von Klo oder Toilette, von Kollateralschaden oder Kriegstoten oder vom halb vollen oder halb leeren Glas reden. Sprache ist mächtig! Und zu Ihrer Schokoladenseite gehört ein selbstbewusstes und sicheres sprachliches Auftreten.

Worte sind das Spiegelbild Ihrer Einstellung. Alles, was Sie sagen, spiegelt das wider, was Sie denken und fühlen. Worte übertragen Ihre Befindlichkeiten und Launen, Ihre Denkweisen und Glaubenssätze, Ihr Selbstwert- und Sicherheitsgefühl sowie Ihre Überzeugungskraft. Und so sind es manchmal einzelne Worte, Formulierungen oder ganze Sätze, die andere Menschen emotional ansprechen oder nicht. Denn genau darum geht es: Menschen überzeugen andere Menschen – und das immer auf der Gefühlsebene. Um Ihre Schokoladenseite in das beste Licht rücken zu können und damit Ihr Gegenüber für sich zu gewinnen, brauchen Sie eine wirkungsvolle Sprache. Wirkungsvoll heißt: Ihre Zuhörer kleben Ihnen an den Lippen, weil Sie deren Herz und Bauch erreicht haben.

Reden Sie Klar-Text!

Schmeißen Sie die Weichmacher in die Tonne.

Weichmacher sind Räuber! Sie rauben Ihnen Ihre Überzeugungskraft und hinterlassen ein Gefühl von Unsicherheit und Unwissenheit. Sie verwässern das, was Sie klar und bestimmt aussagen wollen. Das wirkt weder überzeugend noch selbstsicher. Lassen Sie folgende Beispiele auf sich wirken:

- „Ich glaube, das könnte vielleicht klappen."
- „Ich denke, die Party war eigentlich ganz gut."
- „Dürfte ich mal fragen, ob Sie eventuell Zeit haben."
- „Ich würde vorschlagen, dass wir mal ins Kino gehen – falls es dir recht ist."
- „Ich meine, das Produkt ist vermutlich okay."

Mit Weichmachern im Gepäck provozieren Sie ein Nein. Sie entkräften das, was Sie überzeugend darlegen wollen, und Ihr Gesprächspartner spürt das. Er spürt, dass Sie unsicher und nicht von sich überzeugt sind. Das läuft nicht immer bewusst ab. Ganz im Gegenteil: Unsere Sprache wirkt unbewusst und löst ablehnende Gefühle aus. Entrümpeln Sie Ihre Sprache und befreien Sie sich von diesem Wort-Müll.

- Streichen Sie folgende Worte: eigentlich, vielleicht, eventuell, relativ, mal, halt, wohl, vermutlich, wahrscheinlich.
- Streichen Sie folgende Einleitungen: ich denke, ich glaube, ich meine, ich fände, dürfte/darf ich, ich würde.
- Streichen Sie alle Konjunktive: würde, hätte, könnte, dürfte, müsste, sollte.

Reden Sie Klar-Text! Das überzeugt. Lassen Sie folgende Sätze auf sich wirken:

- „Das klappt! Auf jeden Fall."
- „Die Party war gut. Ich habe mich wohlgefühlt."
- „Haben Sie Zeit?"
- „Lass uns ins Kino gehen. Am besten heute Abend."
- „Das Produkt ist super."

Mit klaren Aussagen überzeugen Sie in für Sie wichtigen Situationen. Schauen Sie hierzu vorab auf Ihre Glaubenssätze. Haben sich dort bereits Weichmacher breit gemacht? Wie sieht Ihre Zielscheibe aus? „Ich glaube, ich könnte mich nächstes Jahr vielleicht mal selbststän-dig machen." Na, das klingt doch sehr überzeugend, oder? Wow! Ich wette, dass Sie es mit diesem Glaubenssatz nicht schaffen. Was halten Sie dagegen von: „Nächstes Jahr im Frühling mache ich mich selbst-ständig. Definitiv!" Hmm, das glaube ich Ihnen. Auch hier wette ich gerne wieder. Diesmal setze ich allerdings auf Sieg und darauf, dass Sie es machen und schaffen. Also, weichen Sie den Weichmachern und schmeißen Sie sie in die Tonne.

Reden Sie weiter Klar-Text!

Schicken Sie die Pausenfüller in die Wüste.

Zu den Weichmachern gesellen sich gerne Pausenfüller, die Ihre Überzeugungskraft noch zusätzlich beeinträchtigen. Sie sind berühmt-berüchtigt: das Ähm, das Äh, das Öhm und das Öh. Doch warum rutscht uns einer dieser Laute über die Lippen?

Pausenfüller füllen eine Redepause und schließen damit immer eine Lücke. In diesen Momenten suchen Sie nach einem Wort, dem nächsten Gedanken oder danach, wie Sie den roten Faden weiterspinnen können. Und genau dann schlägt es wieder zu: das Ähm. Manche reden auch zu schnell und kommen mit dem Denken nicht hinterher.

Wie ein einziger Pausenfüller eine durchdringende Wirkung erzielen kann, sehen Sie auch gut an Boris Becker. Wenn Sie heutige Interviews mit denen vor rund 15 Jahren vergleichen, sticht sofort sein Ähm ins Ohr. Inzwischen wirkt Boris Becker sicher und überzeugend, und man hat den Eindruck, er weiß sehr genau, wovon er redet. Früher hat er sich durch Gespräche gestottert. Das hat nicht nur genervt, sondern jeder hat ihn für dumm gehalten. Und genau das ist der springende Punkt: Zu viele Ähms wirken unsicher, unbeholfen und unvorbereitet. So überzeugen Sie niemanden.

Die Lösung ist so einfach wie schwer: Pausen bleiben Pausen. Viele meinen immer, eine Rede- oder Gesprächspause von drei Sekunden wirke zu lang und müsse gefüllt werden. Falsch! Gesprächspausen sind Wirkpausen, die Ihnen und Ihren Zuhörern gut tun. So können Sie Sauerstoff tanken und Ihre Gesprächspartner können Ihre wohltuenden Worte entspannt verarbeiten. Auch wenn die drei Sekunden für Sie gefühlte 20 Sekunden sind, für Ihre Zuhörer sind sie gerade ausreichend. Probieren Sie es aus.

Jetzt hört sich das Ganze leichter an als getan. Ein Ähm ist gelernt und hat sich wie unser restlicher Wortschatz in unseren Sprachgebrauch integriert. Insofern können Sie Ihre Pausenfüller nicht so leicht entsorgen wie ein gebrauchtes Papier-Taschentuch. Dennoch gibt es Strategien, wie Sie Ihre Ähms abstellen können.

Ich stelle immer wieder fest, dass viele Pausenfüller nichts anderes sind als der Ausdruck fehlenden Wissens. Hier liegt die Lösung klar auf der Hand: Bereiten Sie sich auf Redesituationen gut vor. Ob Sie eine Präsentation, ein Verkaufsgespräch oder eine Gehaltsverhandlung vor sich haben, spielen Sie die Situation vorher durch. Seien Sie inhaltlich und fachlich gut vorbereitet, sodass Sie nicht ins Stocken kommen. Proben Sie Ihre Rede. Spielen Sie ein Verkaufsgespräch mit einem Partner vorher durch, bereiten Sie sich auf mögliche Einwände und Zwischenfragen vor. Sammeln und strukturieren Sie die Argumente, warum Ihr Chef Ihnen Geld geben soll. Tun Sie alles, was Ihnen inhaltlich und fachlich den Rücken stärkt. Das gibt Ihnen eine ordentliche Portion Sicherheit und Sie suchen in der entscheidenden Situation weniger nach Worten und Gedanken.

Ein zweiter Grund ist oft die mangelnde Überzeugung. Wenn Sie von dem, was Sie verkaufen, anpreisen oder darstellen wollen, nicht überzeugt sind, leidet Ihre Überzeugungskraft darunter. Auch hier ist die Lösung klar wie Wasser: Seien Sie überzeugt von dem, was Sie anbieten. Seien Sie ehrlich zu sich. Was überzeugt Sie nicht und warum? Diskutieren Sie dies mit sich selber und vertrauten und kompetenten Personen aus. Möglicherweise fehlt es Ihnen an einem Argument, das ein anderer liefern kann. Entweder bekommen Sie so den Haken an einer Sache wieder gerade gebogen oder Sie akzeptieren ihn. Diesen Haken können Sie dann mit in Ihre Argumentation einfließen lassen. Sprechen Sie ihn offen an. Sie machen dann nichts anderes, als einen möglichen Einwand vorwegzunehmen. In der Praxis zeigt sich oft, dass Sie damit jedem Kritiker und Skeptiker den Wind aus den Segeln nehmen oder Ihre Zuhörer den Haken für sich gar nicht als Haken erkennen.

Eine weitere Hilfe ist das Schlucken. Dazu ist es erforderlich, dass Ihre Pausenfüller Ihnen bewusst werden und Sie diese auch bemerken. In dem Moment, in dem Ihnen wieder ein Ähm rauszurutschen droht, schlucken Sie es weg und runter. Das klingt komisch und ist gewöhnungsbedürftig, hilft aber auf jeden Fall.

Die vierte Möglichkeit schließt an das Schlucken an. Konzentrieren Sie sich beim Reden genau darauf, keine Pausenfüller zu benutzen. Dazu ist es wichtig, dass Sie sich so weit fachlich sicher sind und fühlen, dass Sie darauf nicht achten müssen. Das ist anfangs anstrengend, aber sehr effizient. Auf diese Weise habe ich mir meine Ähms abgewöhnt.

Übrigens: Ein paar Pausenfüller machen nichts kaputt. Wenn hin und wieder ein Ähm herausrutscht, ist das völlig egal. Nehmen Sie aber das zahlenmäßige Niveau von Stoiber oder dem frühen Boris Becker an, schränkt es Ihre überzeugende Wirkung enorm ein.

Reden Sie Deutsch und verständlich!

Streichen Sie Ihr Fachchinesisch.

Fachidiot schlägt Kunde tot! Das hatten wir schon. Mit Fachchinesisch erreichen Sie andere Menschen kaum auf der Gefühlsebene. Fachbegriffe, Fremdwörter, Abkürzungen und Modebegriffe beeindrucken niemanden nachhaltig. Jetzt werden einige von Ihnen einwenden, dass es sich doch fachlich sicher und überzeugend anhört, wenn Sie Fachbegriffe nutzen. Erst recht, wenn es ein Fachpublikum ist, das diese Begriffe kennt und damit vertraut ist. Und die wollen das ja auch so.

Dagegen sprechen zwei Dinge. Aus der Gehirnforschung wissen wir inzwischen, dass unser Gehirn Energie aufwenden muss, um Worte und Sätze zu verarbeiten. Noch mehr Energie braucht das Gehirn immer dann, wenn Sätze und Worte komplizierter werden. Auch wenn wir demnach einen Fachbegriff kennen, kostet es uns mehr Aufwand, ihn zu erfassen und zu verarbeiten. Des Weiteren spricht Fachchinesisch mehr die linke als die rechte Gehirnhälfte an. Und gerade die rechte Gehirnhälfte aktiviert unsere Gefühle. Wenn Sie dort einen Treffer landen, beginnt das Feuer der Begeisterung zu brennen.

Lassen Sie folgende Erklärung zum Thema Stress auf sich wirken:

> *„Stress ist die zur besseren Gewährleistung des Abwehrverhaltens stattfindende Replik des Organismus auf emotionale Belastungssituationen. Dies impliziert eine Aktivierung des Sympathikussystems, welches die für die Spontan- und Ausdauerleistungen verantwortlichen Organe steuert."*

Und? Stellen Sie sich einen Vortrag zu diesem Thema mit dieser Wortwahl vor. Beeindruckt Sie diese Redeweise? Bringt das Ihre Gefühls-

welt ins Schwanken und Schwärmen? Wohl kaum. Haben Sie Mut,
Ihre Sprache zu vereinfachen! Was halten Sie von dieser Variante?

„Wenn uns plötzlich etwas bedroht, sind wir gestresst. Wir
erschrecken. Oder wir fühlen uns bedrängt. Das ist für unse-
ren Körper ein Alarmsignal. Er schaltet auf höhere Leistung.
Der Herzschlag wird schneller. Der Atem beschleunigt sich.
Dadurch können wir schneller laufen."

Der gleiche Inhalt, aber anders ausgedrückt. So einfach geht das und
so einfach ist unsere Sprache. Wenn Sie es wollen. Und damit begeistern Sie emotional ebenso jedes Fachpublikum, das die erste Erklärung auch verstehen würde.

Darüber hinaus kommt noch eine alltagspraktische Komponente ins
Spiel, warum Sie einfach und verständlich reden sollten. Die meisten
Menschen, die darüber entscheiden, ob Sie einen Auftrag bekommen
oder nicht, sind fachfremd. Übrigens genauso wie Sie, wenn Sie auf
der Kundenseite sitzen. Denken Sie einmal darüber nach, wie gut Sie
sich nach einem Gespräch mit Ihrem Bankberater, Versicherungs-
makler, Steuerberater, Anwalt oder Arzt fühlen, wenn Sie danach
nicht wissen und verstanden haben, was er für Sie tut. Ich möchte
nach einem Besuch bei meinem Arzt begreifen, welche Krankheiten
ich habe und warum ich die Pillen schlucken soll, die er mir ver-
schreibt. Ich möchte auch ansatzweise verstehen, was meine Steuer-
beraterin macht und ob es meinem Geldbeutel gut tut. Die aktuelle
Politik-Verdrossenheit hat genau damit zu tun. Keiner von uns versteht, was Politiker reden. Ich verstehe den Wirtschaftsminister nicht,
wenn er von deflationären Tendenzen, vorbörslichen Aktivitäten,
einem konsolidierten Haushalt, Liquiditätsreserven oder dem expo-
nentiellen Wachstum spricht. Wenn es Ihnen genauso geht, sitzen wir
im gleichen Boot.

Eins ist dabei auch klar: Sie müssen nicht jeden Fachbegriff ersetzen
und dem Radierstift opfern. Es gibt Fachchinesisch, das sich so etabliert hat, dass es niemand mehr als solches empfindet. So muss der

Computer nicht zur Rechenmaschine, der Airbag nicht zum Luftsack, das Ministerium nicht zur Dienstbehörde oder die Eleganz zum feinen Geschmack werden. Dennoch: Sprechen Sie Deutsch! Dann versteht Sie jeder und Sie sind erfolgreicher.

Sprechen Sie bildhaft und beispielhaft!

Vergessen Sie das ZDF-Prinzip.

ZDF steht für Zahlen, Daten, Fakten. Als ZDF-Typ sinken Ihre Chancen erheblich, andere Menschen emotional zu erreichen. Zahlen, Daten und Fakten sind nicht greifbar, nicht nachvollziehbar und nicht spürbar. Sprechen Sie deshalb vor allem bildhaft. Ein Beispiel:

> *„Zurzeit ist unsere Finanzlage sehr schlecht. Daher freuen wir uns, dass wir so viele Anmeldungen zum Seminar haben. Wir haben in den letzten Wochen viel Werbung gemacht, die sich gelohnt hat. Wenn die Kunden nicht freiwillig auf uns zukommen, müssen wir halt auf sie zugehen. Denn wenn wir keine Einnahmen haben, können wir unser Unternehmen bald schließen. Ich bin sehr gespannt, wie es weitergeht."*

Zugegeben, das klingt gut und verständlich. Aber es geht bildhafter:

> *„Zurzeit herrscht bei uns Ebbe in der Kasse. Daher freuen wir uns, dass wir Anmeldungen wie Sand am Meer haben. Wir haben in den letzten Wochen mächtig die Werbetrommel gerührt, was sich gelohnt hat. Wenn der Prophet nicht freiwillig zum Berg kommt, kommt der Berg eben zum Propheten. Denn ohne Einnahmen ist nix los. Und ohne Einnahmen, können wir unseren Laden bald dicht machen. Ich bin gespannt wie es weitergeht."*

Jetzt entstehen Bilder bei Ihnen im Kopf und Ihre Bauchdecke kommt in Schwung. Das ist spürbares und greifbares Kopfkino. Nicht nur mit Bildern treten Sie Gefühle los, auch mit konkreten Beispielen erreichen Sie mehr bei Ihren Zuhörern. Achten Sie darauf, was Sie bei folgenden Sätzen empfinden:

- „Mit unserem Konzept sparen Sie erheblich Zeit."
- „Mit dieser Waschmaschine verringern sich Ihre Energiekosten."
- „Die meisten Teilnehmer haben die Prüfung bestanden."
- „Es war ein toller Urlaub."
- „Die Internet-Seite ist schön gestaltet."

Klar, die Aussagen schrecken nicht ab und hinterlassen nichts Schlechtes. Aber den Bauch sprechen sie nicht wirklich an. Werden Sie konkret, vor allem, wenn Sie Zahlen verkaufen wollen. Das klingt dann zum Beispiel so:

- „Mit unserem Konzept sparen Sie jeden Tag 30 Minuten an der Warenannahme. Pro Woche sind das 2,5 Stunden und auf den ganzen Monat gerechnet bereits 10 Stunden. Wenn Sie Ihre Stunden mit 85 Euro ansetzen, können Sie sich jeden Monat 850 Euro gutschreiben."

- „Mit dieser Waschmaschine verringern sich Ihre Strom- und Wasserkosten. Verglichen mit Ihrer alten Waschmaschine sind das 50 Cent pro Waschgang. Bei 10 Maschinen pro Woche sind das 5 Euro. Bei 40 Maschinen pro Monat bereits 20 Euro. Pro Jahr sparen Sie also 240 Euro Energiekosten."

- „Von den 25 Teilnehmern haben 20 die Prüfung bestanden. Das ist eine Erfolgsquote von 80 Prozent."

- „Es war ein toller Urlaub. Ein Strand mit weißem Pulversand. Ein grün-blaues Meer, das wie ein Diamant geschimmert hat. Eine Wassertemperatur von 25 Grad. Und das allerbeste: jeden Abend ein Vier-Gänge-Menü mit frischen Meeresfrüchten, knackigem Gemüse und fruchtigen Cocktails."

- „Die Internet-Seite ist schön gestaltet. Die Menüführung erklärt sich von selber, die warmen Rot- und Gelbtöne fließen ineinander über und wirken sehr warm. Die Mitarbeiter lächeln natürlich auf den Bildern. Alle wichtigen Informationen wie zum Beispiel die Adresse, das Angebot sowie die Referenzen sind sofort zu erkennen."

Je konkreter und bildhafter Sie sprechen, desto besser verankert sich bei Ihren Zuhörern das Gesagte. Es ist fassbarer, anschaulicher und fühlbarer. So massieren Sie das Bauchgefühl.

Sprechen Sie aktiv und lebendig!

Streichen Sie Ihre Hauptwort-Brocken.

Sie wollen lebendig, aktiv und dynamisch wirken? Sie wollen Ihre Zuhörer und Gesprächspartner aktivieren und motivieren? Falls ja, sprechen Sie in Aktiv-Sätzen verfeinert mit Tu-Wörtern. So sprechen Sie die Gefühlswelt an. Wie wirkt folgender Text auf Sie?

„Durch Probleme bei der Umsetzung der Theorie in die Praxis wurde die Einbindung weiterer Experten erforderlich. Damit gaben wir unsere Einwilligung zur Kontrolle der beschlossenen Maßnahmen. Eine weitere Überprüfung der Richtigkeit der Maßnahmen ist damit eine dringende Notwendigkeit. Ohne Kontrolle gibt es keinen Start der Produktion. Die Kosten werden durch einen verzögerten Start der Produktion eine enorme Höhe erreichen."

Wenn Sie die Passage mehrmals lesen mussten, sind Sie in guter Gesellschaft. Das ist ein schwerer Brocken. Mag sein, dass Sie mit solchen Redebeiträgen den Bauch Ihrer Zuhörer erreichen. Der ist dann allerdings prall gefüllt, träge und regungslos. Nun lassen Sie die aktive Version auf sich wirken:

„Wir hatten Probleme, die theoretischen Grundlagen praktisch umzusetzen. Daher haben wir eingewilligt, weitere Experten heranzuziehen. Diese kontrollieren nun die beschlossenen Maßnahmen. Es ist dringend notwendig zu überprüfen, ob die Maßnahmen richtig sind. Wenn wir dies nicht kontrollieren, können wir nicht anfangen zu produzieren. Zudem kostet es uns enorm viel, wenn wir später anfangen zu produzieren."

Der gleiche Inhalt, jedoch ansprechend verpackt. Cäsar soll einmal Folgendes gesagt haben: *„Nach Erreichung der hiesigen Örtlichkeiten*

*und Besichtigung derselben war mir die Erringung des Sieges mög-
lich.“* Das kommt Ihnen nicht bekannt vor? Sie haben recht. Er hat
es nämlich so gesagt: „Ich kam, ich sah, ich siegte.“ Ersetzen Sie Ihre
typischen Hauptwort-Monster durch Verben:

*   Nicht „Dank aussprechen“, sondern „bedanken“
*   Nicht „in Verbindung setzen“, sondern „anrufen“
*   Nicht „eine Entscheidung treffen“, sondern „entscheiden“
*   Nicht „einen Vorschlag machen“, sondern „vorschlagen“
*   Nicht „Einsparungen treffen“, sondern „sparen“
*   Nicht „Erkundigungen einholen“, sondern „erkundigen“
*   Nicht „Einkäufe erledigen“, sondern „einkaufen“

Die Liste lässt sich unendlich fortführen. Achten Sie zukünftig sen-
sibler auf Ihre Wortwahl. Sie werden überrascht sein, wie Sie Ihre
Sprechweise noch aktiver gestalten können. Und das Gute daran ist:
Sie wirken lebendiger.

Ihre Stimme

Stimmung und Atmosphäre erzeugen

Ihre Stimme bestimmt die Stimmung. Und dies in zweifacher Hinsicht: Sie drückt zum einen aus, wie Sie sich gerade fühlen, wie es Ihnen geht und was Sie bewirken wollen. Überlegen Sie einmal, wie Ihre Stimme klingt, wenn Sie aus dem Schlaf gerissen werden. Sie klingt nuschelig und knatternd, so wie Sie sich in dem Moment fühlen. Oder wie klingt es, wenn Ihr Lebenspartner nach einer viertägigen Dienstreise nach Hause kommt? Sie klingt fröhlich und lachend, denn so geht es Ihnen in dem Moment. Wenn wir nicht bewusst darauf achten, transportieren wir einen Schwall an inneren Gefühlen über unsere Stimme.

Unsere Stimme bestimmt aber nicht nur die innere, sondern zum anderen auch die äußere Stimmung. Denn Ihre Stimme wirkt! Sie hinterlassen mit Ihrer Stimme, den gewählten Worten sowie Ihrer Körpersprache einen bleibenden Eindruck. So gibt es Stimmen, die uns faszinieren. Und es gibt Stimmen, die schrecken uns ab. Es existiert eine große Bandbreite und dazwischen ist viel Platz für Sympathie und Überzeugungskraft. So wie Ihre Körpersprache das Tor zum Auge des anderen ist, so ist Ihre Stimme das Tor zum Ohr des anderen. Denn: Nicht was Sie sagen ist entscheidend, sondern wie Sie es sagen!

Der richtige Ton

Vom Piepsen und Brummen

Frauen- und Männerstimmen unterscheiden sich grundsätzlich voneinander. In diesem Falle reden wir von durchschnittlichen Stimm-
lagen, also nicht den schrillen Pieps-Stimmen oder den brummenden
Bass-Stimmen. Männer sprechen eher in tiefer Stimmlage, Frauen
in eher höherer. Der Grund dafür ist recht einfach: Die Länge der
Stimmbänder ist verantwortlich für die Stimmhöhe. Da die Stimmbänder bei Männern meistens länger sind als die bei Frauen, kommt
die unterschiedliche Tonhöhe zustande. Je länger die Stimmbänder,
desto tiefer der Ton und umgekehrt. Deshalb haben Kinder fast
immer hohe Stimmen, weil die Stimmbänder wesentlich kürzer sind
als bei Erwachsenen. Was aber ist besser? Hoch oder tief? Beides hat
seinen Vorteil.

So werden Männer oft kompetenter eingeschätzt, weil eine tiefe und
warme Stimme kompetent wirkt. Denken Sie an die Sprecher bei
Dokumentationen, in den Nachrichten oder bei Hörspielen. Frauen
dagegen werden oft freundlicher wahrgenommen, weil eine hohe und
warme Stimme freundlich wirkt. Nicht zufällig sitzen viele Frauen
dort, wo der erste Eindruck am Telefon entscheidend ist: zum Beispiel
an der Rezeption, am Empfang, bei der Service- und Beschwerde-
Hotline oder im Sekretariat.

Wenn es Ihnen gelingt, freundlich und kompetent zugleich zu wirken, haben Sie Ihr Stimmpotenzial bestens entfaltet. Was heißt das
praktisch? Wollen Sie freundlich und kompetent zugleich wirken,
dann ist es wichtig, dass Sie Ihre Tonhöhe entsprechend variieren und
mit Ihrer Stimme spielen. So ist es sinnvoll, zu Beginn eines Gespräches höher zu sprechen, um einen ersten freundlichen Eindruck zu
hinterlassen. Wenn es dann ans Eingemachte geht, sollten Sie Ihre
Stimme senken, um kompetent zu wirken.

Um zu wissen, wann Sie Ihre Stimme heben oder senken sollen, brauchen Sie einen Richtwert: Ihren Eigenton. Jeder Mensch hat einen Eigenton. Das ist Ihr normaler Ton, der angeborene Klang Ihrer Stimme. Er macht Ihre Stimme unverwechselbar und authentisch. Der Eigenton ist Ihr Leuchtturm, zu dem Sie immer wieder zurückkehren sollten, denn in dieser Tonlage sprechen Sie entspannt, druck- und stressfrei. Darüber hinaus hat Ihr Eigenton eine weitere verblüffende Wirkung. Menschen, die überwiegend in der Eigentonlage sprechen, wirken sympathischer und dadurch überzeugender und sicherer. Ihren Eigenton finden Sie ganz einfach: Schließen Sie Ihre Augen, stellen Sie sich Ihr Lieblingsessen vor und summen dann ein entspanntes, aber kräftiges mmmhh mit geschlossenem Mund. Was Sie nun hören, ist Ihr Eigenton! Beginnen Sie immer mit einem kräftigen mmmhh und sprechen dann in dieses Summen hinein. So trainieren und pflegen Sie Ihren Eigenton und lernen, von dort aus Ihre Stimme zu heben oder zu senken.

Betonen Sie Wichtiges und Wesentliches!

Geben Sie Ihrer Stimme eine Melodie.

Mit Ihrem Eigenton haben Sie die Basis für ein überzeugendes Stimmverhalten. Wenn Sie allerdings dauerhaft im Eigentonbereich bleiben, sind kurze Zeit später alle Zuhörer eingeschlafen. Wenn Sie das Gesagte allerdings betonen, bekommt Ihre Stimme eine Melodie. Das ist sehr wichtig. Melodien können zu Ohrwürmern werden und sich in Kopf und Bauch dauerhaft verankern. Das betonte Sprechen hat zwei Vorteile:

Zum einen hat es den „Hallo-Wach-Effekt". Ihre Gesprächspartner bleiben wach und hören Ihnen zu. Nichts ist langweiliger als ein monotoner Redner. Die Konsequenz ist, wir schalten ab – und das ganzheitlich mit Kopf, Bauch und Herz. Was nützt es Ihnen, wenn Sie ein konkurrenzloses Produkt, ein meisterhaftes Konzept oder eine revolutionäre Marketing-Strategie anzubieten haben und niemand hört Ihnen zu. Ihre Inhalte, Ihr Fachwissen alleine retten Sie nicht.

Der zweite Effekt, den Sie durch das betonte Sprechen erreichen, ist das gezielte Lenken auf Wichtiges und Wesentliches. Unser Gehirn macht etwas ganz Einfaches, um sich vor einer Übersättigung zu schützen: Es filtert. Alles, was wir hören und sehen, filtern wir. Am Ende bleiben die für uns wichtigen Dinge hängen. Das ist gut so, denn sonst hätte unser Kopf schon lange Tilt gemacht und sich aufgehängt. Wollen Sie, dass Ihre Zuhörer Ihnen aufmerksam und begeistert zuhören, so betonen Sie alles, was nachhaltig hängen bleiben soll. Wenn Sie die Vorteile Ihres Produktes nennen, dann betonen Sie immer wieder das Wort Vorteil. Nur so ragt es heraus. Nur so nimmt der andere wirklich wahr, dass es um Vorteile geht. Sofern Sie bestimmte Euro-Beiträge herausheben wollen, dann betonen Sie diese Zahlen. Nur so ragen sie heraus. Nur auf diese Art nimmt der andere die Wichtigkeit der Preise wahr. Wenn Sie jemanden loben wollen, betonen Sie die lobenden Worte. Nur auf diese Art ragen sie heraus. Nur auf diese Art spürt der andere, dass Sie ihn wirklich loben.

Machen Sie Pause und holen Sie Luft!

Geben Sie Ihrer Stimme einen Rhythmus.

Pausen sind Punkt- und Wirkpausen. Sie trennen Ihre gesprochenen Sätze und machen sie zu nachvollziehbaren Sinneinheiten. Wie wichtig Pausen für das Verständnis sind, können Sie an folgendem Satz ablesen: „Hans sagt Lotte ist doof.". Na, wer von beiden ist denn doof, Hans oder Lotte? Je nach gesetzter Pause können beide doof sein: „Hans sagt, Lotte ist doof." oder: „Hans, sagt Lotte, ist doof.".

Durch Pausen geben Sie dem Gesagten, neben der Melodie, den fühlbaren Rhythmus und Takt. Wenn Sie ohne Punkt und Komma reden, können Ihnen Ihre Zuhörer nicht mehr folgen. Unser Gehirn braucht Pausen, damit wir Sachverhalte besser verarbeiten und so verstehen können. Die Pausen zwischen den Sätzen unterstützen dabei ein ruhiges und regelmäßiges Atmen. So entsteht automatisch ein rhythmisches Sprechen mit einem gleichmäßigen Takt. Und genau das ist angenehm und leicht verdaulich. Warum sind Lieder mit einem kommerziellen und poppigen 4/4-Takt erfolgreicher als komplexe Free-Jazz-Arrangements? Und was hören Sie lieber?

Pausen sind aber auch vor allem Wirkpausen. Pausen erzeugen Spannung. Stellen Sie sich bei einer Preisverleihung den Lobredner vor, der nach dem „und der Gewinner ist …" keine Pause macht. Keine Spannung. Kein Knistern im Publikum. Kein aufgeregtes Herzrasen. Wenn Sie Spannung erzeugen wollen oder einen Höhepunkt markieren wollen, machen Sie eine Pause. Wirksam sind drei Sekunden. Sie können in diesen Momenten innerlich zurückzählen. „Und der Gewinner ist …". Pause! Drei, zwei, eins. Und dann der Name. Was die Großen vormachen, können Sie erst recht.

Pausen erzeugen Gefühle. Stellen Sie sich den Lobredner vor, der nach dem „Herr Müller hat mit Einsatz seines eigenen Lebens 15 Menschen das Leben gerettet. Er hat dabei die ganze Zeit blablabla ..." keine Pause macht. Wenn Sie nach der Heldentat keine Pause machen, geht jedes Gefühl von Respekt, Anerkennung, Wertschätzung und Lob verloren. Lassen Sie den Satz einmal mit zwei gezielten Pausen auf sich wirken: „Herr Müller hat mit Einsatz seines eigenen Lebens (drei Sekunden Pause) 15 Menschen das Leben gerettet (Drei Sekunden Pause). Er hat blablabla." Jetzt gehen große Gefühle durch die Zuhörer und Herr Müller wird die Ehre zuteil, die er verdient. Wenn Sie künftig große Zahlen verkünden, machen Sie eine Pause. Dann fühlt sich die Zahl noch größer an. Wenn Sie künftig einen Erfolg verkaufen, machen Sie eine Pause. Dann fühlt sich der Erfolg noch größer an. Wenn Sie künftig eine Liebeserklärung machen, machen Sie eine Pause. Dann fühlt sich die Liebe noch größer an.

Sprechen Sie mal langsam und mal schnell!

Geben Sie Ihrer Stimme Temperament.

Das Redetempo ist ein sehr dynamisches Stilmittel. Es hängt viel von Ihrer aktuellen Stimmung und Ihrem Temperament ab. Wenn Sie gelangweilt und unmotiviert sind, werden Sie tendenziell eher langsam sprechen. Wenn Sie unsicher und nervös sind, wird Ihr Fluchtverhalten Sie eher schnell sprechen lassen. Letztendlich geht es darum, abwechslungsreich zu sprechen. Wenn es Ihnen gelingt, sich beim Sprechen zwischen den Polen Schleichen und Vollgas zu bewegen, erzielen Sie den richtigen Unterhaltungseffekt. Fröhliche, lustige und dynamische Redeinhalte vertragen ein eher schnelles Tempo. Nachdenkliche, gewichtige und bedeutungsvolle Themen wirken langsam gesprochen besser.

Wenn Sie beim Sprechen das Gefühl haben, Sie reden ein bisschen zu langsam, haben Sie das richtige Tempo. Was sich subjektiv ein wenig zu langsam anfühlt, ist genau die goldene Mitte. Das ist der dritte Gang mit gefahrenen 60 Stundenkilometern auf einer Hauptstraße. Von hier aus können Sie dann hoch- oder runterschalten, je nachdem, ob Sie auf die Autobahn oder in die 30er-Zone wechseln wollen. Sollten Sie zu den Schnellsprechern gehören, helfen Ihnen die bereits beschriebenen Pausen.

Bei Gesprächen ist es zudem sinnvoll, dass Sie sich Ihrem Gesprächspartner anpassen. Der Schnell-Redner braucht jemanden, der sich ein wenig beschleunigt. Der Langsam-Redner verträgt besser die gedrosselte Version.

Sprechen Sie mal leise und mal laut!

Geben Sie Ihrer Stimme noch mehr Dynamik.

Auch bei der Lautstärke sollte Ihre Stimme die goldene Mitte als Ankerpunkt nehmen. Die goldene Mitte haben Sie stimmlich dann eingenommen, wenn jeder Sie akustisch versteht. Bei einem Dreiergespräch am Tisch können Sie wesentlich leiser sein als bei einer Präsentation vor 50 Menschen. Prüfen Sie bei größeren Veranstaltungen mit vielen Zuhörern und großen Räumlichkeiten vorab, ob Sie jeder hört. Sie können Ihre Lautstärke vor der Rede mit jemandem testen oder zu Beginn Ihrer Rede. Fragen Sie die Zuhörer in der letzten Reihe, ob Sie laut genug reden.

Durch einen Wechsel zwischen leiser und lauter Redeweise bekommt das Gesagte, neben dem Rhythmus und der Melodie, punktuelle Spannungsmomente. In der klassischen Musik können Sie dieses Prinzip wunderbar nachhören. Wichtig ist, dass Sie nicht zu lange in Extreme verfallen. Eine dauerhafte Lärmattacke wirkt aggressiv, beängstigend und wenig vertrauenserweckend. Bleiben Sie zu lange zu leise, wirken Sie schüchtern, unsicher und zurückhaltend. Wenn Sie etwas einfordern, motivieren oder einen Führungsanspruch geltend machen wollen, ist es sinnvoll Ihre Stimme lautstark zu erheben. Wollen Sie Ihre Zuhörer auf bestimmte Dinge konzentrieren, bedächtig, nachdenklich oder betroffen wirken, entfalten die leisen Töne mehr Wirkung.

Sprechen Sie verständlich!

Geben Sie Ihrer Stimme ein Stück Heimat.

Bei aller Stimmung, die Sie mit Ihrer Stimme transportieren, ist es ebenso wichtig, dass Sie deutlich und verständlich sprechen. Das sind zwei voneinander getrennte Aspekte.

Deutlich sprechen bedeutet nicht zu nuscheln. Überlegen Sie einmal, wie nuschelnde Menschen auf Sie wirken: gelangweilt, desinteressiert, schlecht gelaunt, unmotiviert, unhöflich. Der Grund dafür ist einfach: Menschen, die nuscheln, bekommen weder Mund noch Zähne auseinander. Ihnen fehlt somit ausreichend Resonanzraum, also ein Hohlraum mit viel Luft. Das ist pure Physik. Halten Sie bei einer Akustik-Gitarre zum Beispiel das Loch zu. Sie werden feststellen, dass die Töne der Saiten undeutlich klingen. Also heißt die Devise: Mund auf, Zähne auseinander!

Verständlich sprechen bedeutet nicht zu stark einen Dialekt pflegen. Die Frage ist also: Mundart oder Hochdeutsch? Beides miteinander verbunden ist okay. Jeder darf hören, woher Sie kommen, wenn Sie es wollen. Ihre Heimat-Melodie gibt Ihrer Stimme eine zusätzliche individuelle und persönliche Note. Nähern Sie sich aber bitte so weit dem Hochdeutschen, dass jeder Sie versteht. Verzichten Sie auf landestypische Begriffe. Außerhalb von Bayern kennt nicht jeder Brezeln. Außerhalb von Sachsen kennt nicht jeder einen Broiler. Außerhalb des Ruhrgebietes kennt nicht jeder einen Stutenkerl. Verzichten Sie ferner auf landestypische, teilweise umgangssprachliche Wort-Kreationen. Nicht jeder außerhalb von Köln weiß, das „mer" die kölnische Variante von „wir" ist. Nicht jeder außerhalb von Hamburg weiß, dass „snacken" „reden" bedeutet. Und nicht jedem außerhalb von Berlin ist klar, das „kieken" zu Deutsch „gucken" heißt.

Bleiben Sie Ihrer Heimat sprachlich treu, tasten Sie sich aber ans Hochdeutsche ran und machen dabei weit den Mund auf. Dann versteht Sie jeder.

Ich habe bewusst darauf verzichtet, Ihnen zu den einzelnen Facetten Ihrer Stimme entsprechende Übungen an die Hand zu geben. Das hätte dieses Buch doppelt so umfangreich gemacht. Greifen Sie hierzu auf Literatur zum Thema Stimme zurück. Wenn Sie sich zu diesem Aspekt noch gezielter ausbilden lassen wollen, leisten Sie sich ein Stimm-Training. Das ist noch effektiver.

Sie haben bis hierher erkannt, dass nicht nur die Körpersprache mächtig Eindruck macht, sondern Ihre Stimme und Ihre Wortwahl Ihre Schokoladenseite abrunden. Es ist eben nicht nur wichtig, was in der Schokolade drin ist. Wenn Sie das überhaupt interessiert. Es ist auch wichtig, wie sie verpackt ist, ob sie beim Abbeißen knackt, ob sie einen zarten Schmelz hat und wie die einzelnen Riegel geformt sind. Ich nenne keine Namen. Aber es gibt Schokoladensorten, die qualitativ durchschnittlich bis schlecht sind und dennoch Verkaufsschlager sind. Woran mag das bloß liegen?

3. Ihre Vorstellung wirkt

Benimm ist wieder in! So hören und lesen wir in letzter Zeit verstärkt in den Medien. Das mögen einige so empfinden. Eines ist dennoch klar: Wenn Sie erfolgreich Ihre Schokoladenseite inszenieren und präsentieren möchten, kommen Sie an ein paar Grundstandards des Benehmens nicht vorbei. Umgangsformen haben immer Konjunktur, denn Sie haben etwas mit Respekt, Wertschätzung und Rücksicht zu tun. Und das sind Werte, die unser Zusammenleben bestimmen. Wenn Ihnen andere Menschen egal sind, dann können Sie auf Umgangsformen und Benimmregeln pfeifen. Wenn nicht, sollten Sie sich für Ihren Auftritt sensibilisieren. Umgangsformen sind immer ein Spiegelbild aktueller Standards und des Zeitgeistes. Daher ändern sie sich auch regelmäßig. Was vor 30 Jahren wichtig war, kann heute absolut unwichtig sein. Benimm ist demnach immer in! Es sei denn, Sie brechen alle Regeln so konsequent, dass Sie genau damit durchschlagenden Erfolg haben.

Jamie Oliver hat als Koch vielen Profiköchen Tränen in die Augen getrieben. Heute bewundern ihn sehr viele genau für seine unkonventionelle Art zu kochen. Klaus Kinski hat nicht nur sich selbst, sondern auch alle, die mit ihm zu tun hatten, emotional aufgebracht. Seine Unfreundlichkeiten, Unverschämtheiten und Aggressionen haben ihn tatsächlich erfolgreich gemacht. Die junge Gloria von Thurn und Taxis hat allen Adeligen gezeigt, dass es sich am Hof auch ohne Regeln und Umgangsformen leben lässt. Manch Adeliger hat es im Nachhinein als Befreiungsschlag empfunden, dass jemand den Mut hatte, die verstaubten Formen aufzubrechen. Joschka Fischer hat gezeigt, dass man es vom Rüpel und Steinewerfer bis ins Außenministerium schaffen kann.

Wenn Sie ein bunter Hund sind und dies auch so leben und es Ihrem Innersten entspricht, gehen Sie diesen Weg weiter. Seien Sie unkonventionell, provokant und neben der Spur. Aber nur dann! Wenn Sie zur Mehrheit derer gehören, die sich als mehr oder weniger „normal" empfinden, sollten Sie sich folgenden Tipps zu Herzen nehmen.

„Grüß Gott!"

Überzeugen in den ersten Sekunden

Der erste Eindruck ist entscheidend! Er kann so entscheidend sein, dass alles, was danach folgt, nicht mehr zählt. Zum ersten Eindruck gehört vor allem das Begrüßen.

Streng genommen grüßt im beruflichen Bereich die rangniedere die ranghöhere Person zuerst. Hier entscheidet allein die Hierarchie: Mitarbeiter grüßen Vorgesetzte, Ankommende grüßen Anwesende. In der Praxis ist dies aber nicht mehr so wichtig. Sie brechen sich keinen Zacke aus Ihrer Krone, wenn Sie auch als Ranghöherer zuerst grüßen. Hier gilt die Devise: Wer den anderen zuerst sieht, kann und sollte als Erster grüßen.

Anders herum verhält es sich beim Handschlag. Hier bietet zuerst der Ranghöhere die Hand an. Der Handschlag ist persönlicher als die reine Begrüßung, da sie mit Körperkontakt verbunden ist und grundsätzlich Interesse am Gespräch signalisiert. Hier sollten Sie sich an die Hierarchievorgabe halten.

Der Handschlag sagt viel über Sie aus. Achten Sie zunächst auf Ihren Händedruck. Sowohl der „Knochenbrecher" als auch der „tote Fisch in der Hand" hinterlassen einen schlechten Eindruck. Darüber hinaus ist Ihre Handstellung sehr aussagekräftig. Es gibt drei klassische Handstellungen beim Begrüßen: Kommt die Handfläche von oben, signalisieren Sie damit Sicherheit und Dominanz. Sie wollen führen und die Situation kontrollieren. Reichen Sie Ihrem Gegenüber die Hand von unten, zeigen Sie sich von Ihrer defensiven und unterwürfigen Seite. Sie nehmen sich in der Situation zurück und überlassen dem anderen die Führung. Geben Sie Ihre Hand in senkrechter Position, wollen Sie eine gleichgesinnte Ebene herstellen. Sie streben eine Beziehung oder ein Gespräch auf gleicher Augenhöhe an. Keine

Handstellung ist grundsätzlich positiv oder negativ. Es kommt immer auf die Gesamtsituation an. Dennoch wirkt die Handstellung von oben tendenziell sicherer, überzeugender und selbstbewusster, sofern Sie diese mit einer freundlichen und offenen Körpersprache begleiten.

Weitere wichtige Tipps zum Begrüßungsritual:

- Als Frau stehen Sie im Berufsleben bei der Begrüßung ebenso auf wie der Mann.

- Schließen Sie mindestens einen Knopf Ihrer Anzugjacke, wenn Sie jemanden begrüßen.

- Nehmen Sie dabei immer die linke Hand aus der Hosentasche.

- Beim Begrüßen schauen Sie Ihrem Gegenüber immer in die Augen.

- Ihre Grußformel machen Sie von der Situation, den Personen und Ihrem eigenen Empfinden abhängig. Förmlicher ist „Guten Tag", lockerer ist „Hallo". Verkneifen Sie sich aber bitte Floskeln wie „Hallöchen", „Tachchen" oder „Mahlzeit".

- Begrüßen Sie Ihr Gegenüber mit seinem Namen, sofern Sie ihn kennen. Das ist persönlicher und vertrauenserweckender.

- Wenn Ihr Gesprächspartner einen Titel wie zum Beispiel „Professor" oder Doktor" innehat oder sich mit diesem vorstellt, bleiben Sie dabei. Erst wenn sie oder er Sie davon entbindet, lassen Sie ihn weg.

- Stellen Sie sich selbst mit Vor- und Zunamen vor. Das können Sie durch eine kurze Erklärung ergänzen. Nennen Sie Ihren Beruf, Ihre Zuständigkeit oder sagen Sie, warum Sie hier sind. Die weitere Erklärung bietet sich an, wenn Sie zum Beispiel auf einem Kongress, einem Seminar oder einer Messe sind, wo Ihr Gegenüber Sie noch gar nicht kennt.

Bitte halten Sie Abstand!

Beachten Sie die Distanzzonen.

Sowohl bei der Begrüßung als auch bei jedem Gespräch ist es wichtig, einen bestimmten Abstand zu Ihrem Gegenüber zu halten. Treten Sie jemandem zu nahe, hinterlässt das ein unbehagliches Gefühl. Dringen Sie nicht in das Territorium des anderen ein, denn sonst wirken Sie aufdringlich, respektlos und unhöflich. Es gibt vier Distanzzonen, die Sie kennen sollten: Die erste Zone ist die intime Zone. Diese Zone ist etwa 50 Zentimeter um unseren Körper herum angesiedelt. Das entspricht ungefähr einer Armlänge. In diese Zone dürfen nur vertraute Personen eindringen: Familie, Freunde und gute Bekannte. Diese dürfen auch einen intensiveren Körperkontakt zu Ihnen haben: eine Umarmung oder ein Küsschen.

Die zweite Zone ist die persönliche Zone. Sie beträgt etwa zwischen 50 und 100 Zentimeter um Sie herum. Diese halten Sie im Privatleben zu Bekannten, im Berufsleben zu guten Arbeitskollegen ein. Denn sie ist nah genug, um persönlich zu sein, aber auch weit genug, um höflich-distanziert zu sein.

Die dritte Zone ist die gesellschaftliche Zone, die zwischen ein und zwei Metern liegt. Hier spielt sich das Berufsleben ab. In dieser Zone bewegen Sie sich generell beim Erstkontakt und darüber hinaus, sofern das Geschäftsverhältnis sich nicht persönlich genug entwickelt.

Die vierte Zone ist die öffentliche Zone, die ab zwei Metern beginnt. Sie bildet den Raum für Reden, Präsentationen, Versammlungen, Besprechungen und große Veranstaltungen.

Seien Sie sicher auf dem Parkett der Distanzzonen. Halten Sie sich im Zweifelsfall lieber ein paar Zentimeter mehr Abstand. Näher kommen können Sie jederzeit. Wieder zurückweichen geht auch, Sie haben dann allerdings keinen ersten positiven Eindruck hinterlassen.

„Hier ist meine Visitenkarte!"

Die kleine Karte mit großer Wirkung

Die Visitenkarte ist inzwischen zur festen Größe im Berufsleben geworden. Kaum ein Kontakt ohne Kärtchen. Üblicherweise werden Visitenkarten zu Beginn des Gespräches, also kurz nach der Begrüßung, ausgetauscht. Es ist aber auch in Ordnung, sie erst beim Verabschieden zu überreichen. Dann sind sie ein klares Signal dafür, dass der Kontakt weiter gepflegt werden soll. Als Gast überreichen Sie Ihre Karte zuerst. Treffen Sie auf eine größere Gruppe, so geben Sie dem Ranghöchsten Ihre Karte.

Damit ist es aber nicht getan. Wie Sie mit der erhaltenen Visitenkarte umgehen, ist viel entscheidender bei dieser Sache. Würdigen Sie die Karte und damit Ihren Gesprächspartner. Schauen Sie ihm in die Augen und werfen Sie danach einen Blick auf seine Karte. Wenn Sie die Karte achtlos einstecken, wirkt diese Geste genauso: achtlos. Das ist unhöflich und respektlos. Des Weiteren machen Sie bitte niemals Notizen darauf, während Ihr Gesprächspartner noch dabei ist.

Visitenkarten sind immer Ausdruck Ihrer Persönlichkeit. Zumindest sollte es so sein. Also Hände weg von selbstgemachten Karten am PC, die Sie dann auch noch selbst auf dünnem Papier ausgedruckt haben und mit der Schere zurechtgeschnitten haben. Investieren Sie ein paar Euro mehr. Inzwischen bieten Online-Druckereien Programme und Vorlagen an, mit denen Sie Ihre Karten selbst entwerfen können. Das ist völlig okay. Wenn Sie kein Händchen dafür haben, lohnt sich der Weg zu einer Druckerei oder Design-Agentur.

Aber auch die tollste Visitenkarte ist nichts wert, wenn sie schmutzig oder zerknittert ist. Achten Sie deshalb darauf, dass die Visitenkarten makellos sind. Entsorgen Sie alle Karten mit Eselsohren und Fettflecken.

Seien Sie mobil, aber mit Stil!

Telefonieren mit Manieren

Ohne Mobil-Telefon geht nichts mehr. Im Geschäftsleben erwartet jeder von Ihnen, dass Sie ein Handy haben und auch gut erreichbar sind. Auch hier gibt es Regeln, die Sie beachten sollten:

- Ein Handy am Hosenbund passt zu Teenagern oder Handwerkern. Im Business-Bereich ist es eine modische Todsünde.

- Legen Sie Ihr Handy bei einem Termin niemals auf den Tisch. Das wirkt angeberisch. Außerdem vermitteln Sie den Eindruck, Sie wollten während des Termins telefonieren.

- Schalten Sie Ihr Handy bei geschäftlichen Terminen immer aus. Sollte Sie es anlassen wollen oder müssen, kündigen Sie dies an. Es gibt Not-Situationen, in denen dies okay ist. Wenn Sie zum Beispiel auf den Anruf Ihrer hochschwangeren Frau warten, wird jeder Verständnis dafür haben.

- Sowohl das Design Ihres Handys als auch der Klingelton sollten dezent sein. Noch besser: Schalten Sie auf Vibrationsalarm, denn dieser belästigt niemanden.

- Führen Sie wichtige geschäftliche Gespräche besser über das Festnetz an einem ruhigen Ort. Bei 180 km/h auf der Autobahn mit offenem Fenster einen potenziellen Kunden anzurufen, vermittelt keinen besonders professionellen Eindruck. Über das Festnetz vermeiden Sie zudem die nach wie vor ärgerlichen Funklöcher und technischen Störgeräusche.

- Melden Sie sich bei geschäftlichen Gesprächen genauso wie am Festnetz-Telefon: ein Gruß, der Firmenname sowie Ihr eigener Name.

- Wenn Sie eine Nachricht auf der Mailbox hinterlassen wollen, fassen Sie sich kurz. Begrüßen Sie den Anrufer, nennen Sie Ihren Namen, den Grund des Anrufs und Ihre Nummer. Entweder bitten Sie den anderen um einen Rückruf oder Sie sagen, wann Sie es noch einmal versuchen.

„Guten Appetit!"

Dinieren mit Manieren

Martin Luther soll einmal gesagt haben: „Warum rülpset und furzet ihr nicht, hat es euch nicht geschmecket?" Das mag im Mittelalter durchaus die übliche und gute Umgangsform gewesen sein. Heutzutage ernten Sie damit allerdings nur noch Ekel und Abwehr. Tatsächlich warten beim Essen und Trinken eine Menge Fettnäpfchen, in die Sie ahnungslos treten können. Gerade das Ess- und Trinkverhalten gilt heute noch als Beleg für eine gute oder schlechte Kinderstube. Und es gibt eine Menge Gelegenheiten, bei denen Sie dies unter Beweis stellen müssen: Geschäftsessen, Tagungen, Messen, Betriebsausflüge, Firmenjubiläen, Tage der offenen Tür, Weihnachtsfeiern. Für diese kulinarischen Herausforderungen sollten Sie bestens aufgestellt sein. Wir können nicht auf alle Details eingehen, denn gerade mit diesem Knigge-Bereich können Sie bereits allein ein Buch füllen. Die wichtigsten Benimm-Regeln lernen Sie aber nachfolgend kennen.

Imbiss oder 5-Sterne-Restaurant?

Egal wo Sie essen gehen, zum Essen einladen oder eingeladen werden: Halten Sie sich immer an die guten Tischsitten. Sollten Sie es in der Hand haben, einen Kunden oder Geschäftspartner einzuladen, wählen Sie ein angemessenes Ambiente. Angemessen bedeutet, es ist dem Anlass, dem Rang Ihrer Gäste, Ihrer Branche, Ihrem Unternehmen sowie Ihrer Unternehmenskultur angemessen. Grundsätzlich sollten Sie nur dort essen gehen, wo Sie die Lokalitäten kennen. Das erspart Ihnen Überraschungen. Nichts ist unangenehmer, als wenn plötzlich das Ambiente ungemütlich, die Bedienung unfreundlich oder die Speisekarte zu ausgefallen ist. Sollten Sie keinen Anhaltspunkt haben, wählen Sie ein Restaurant der mittleren Klasse mit einem mehrheits-

tauglichen Angebot. Nicht jeder mag die japanische, arabische, aust-
ralische oder südamerikanische Küche. Es sein denn, Sie wissen, dass
Ihr Gast ein ausgesprochener Sushi-Freund ist, Känguru-Steaks liebt
oder eine Haifisch-Flossen-Suppe vergöttert.

Grundsätzlich sind Sie als Gastgeber der Regisseur. Verabreden Sie
sich im Restaurant, sind Sie bitte immer vor Ihren Gästen dort, um
sie empfangen zu können. Notfalls können Sie dann noch Unstim-
migkeiten aus der Welt schaffen. Treffen Sie gemeinsam mit Ihren
Gästen ein, öffnen Sie die Tür und führen Ihre Gäste in und durch
das Lokal. Wenn nötig besprechen Sie noch mit dem Personal die
Reservierung.

Bevor Sie zum Tisch gehen, geben Sie Ihre Garderobe ab. Mäntel und
Jacken über den Stuhl zu hängen, ist weniger schick. Männer legen
Ihre Garderobe selbst ab. Damen bieten Sie als Gastgeber Ihre Hilfe an.

Am Tisch

Wenn Sie die ersten Hürden zum Tisch erfolgreich übersprungen
haben, kommt die nächste spannende Runde. Das beginnt bereits
damit, wer sich zuerst hinsetzt: Immer Ihre Gäste. Bitten Sie als Gastgeber, Platz zu nehmen, und erst dann setzen Sie sich hin. Sitzplätze,
die einen Blick ins Restaurant erlauben, sowie bequeme Plätze sind
für Ihre Gäste vorzusehen.

Grundsätzlich bestellt jeder Gast für sich. Hüten Sie sich davor, vorab
etwas bestellt zu haben oder am Tisch für Ihre Gäste zu bestellen.
Ihre Kunden und Geschäftspartner sind Gäste, aber keine zu bevor-
mundenden Knechte. Sie können allerdings Gerichte vorschlagen
oder empfehlen. Ihre Gäste bestellen zuerst, Sie als Gastgeber zuletzt.
Wenn die Anzahl der Gänge für alle gleich ist, haben Sie noch das
I-Tüpfelchen Manieren erreicht.

Gibt es Wein zum Essen, ist es Ihre Aufgabe, einen Wein vorzuschla-
gen oder sich gemeinsam vom Service-Personal beraten zu lassen. Den

Probierschluck nehmen Sie. Stoßen Sie bei Geschäftsessen nicht an, sondern prosten Sie sich dezent zu. Klingende Gläser sind für private und familiäre Zwecke geeignet.

Den Start zum Essen geben Sie. Entweder Sie nicken oder wünschen einen guten Appetit. Bitte verkneifen Sie sich ein „Mahlzeit", „Guten Hunger" oder „Auf geht's". Sie sind weder in der Kantine noch im Zeltlager, noch beim Wettessen. Ihre Serviette legen Sie bitte in Ihren Schoß. Ist die Serviette gefaltet, legen Sie diese mit der offenen Seite zu sich, denn dann können Sie sich mit der Innenseite den Mund abtupfen.

Die Sprache des Bestecks ist einfach und eindeutig. Sie essen grundsätzlich von außen nach innen. Während einer Essenspause legen Sie Ihr Besteck auf dem Teller ab. Dabei hat es die Form eines umgedrehten V. Wenn Sie mit dem Essen fertig sind, legen Sie Ihr Besteck parallel auf den Teller, von rechts unten nach links oben zeigend. Ihre Serviette legen Sie sowohl während einer Essenspause als auch zum Schluss links neben Ihren Teller.

Während des Essens sollen Sie sich wohlfühlen. Das bedeutet dennoch nicht, dass Sie wie zu Hause abhängen können. Bewahren Sie immer eine gerade Körperhaltung. Führen Sie das Essen zum Mund und nicht umgekehrt. Weder Ihre Ellbogen noch Ihre Arme haben etwas auf dem Tisch zu suchen. Halten Sie Ihre Ellenbogen am Körper, sodass nicht mehr als Ihre Hände auf dem Tisch sind. Wenn Sie etwas erzählen, gestikulieren Sie bitte niemals mit dem Besteck in der Hand. Sie sind schließlich kein Degenfechter, der sich mit seinen Gästen duellieren möchte. Übrigens: Warten Sie immer mit der geschäftlichen Besprechung. Fallen Sie nicht mit der Tür ins Haus. Das wirkt übereifrig, nervös und unkontrolliert. Fangen Sie frühestens nach dem Hauptgang damit an. Dann sind alle gesättigt, und Sie haben spätestens nach dem Dessert die Möglichkeit, Arbeitsmaterialen auf dem Tisch zu platzieren.

Die Schlacht am Buffet

Gerade bei größeren betrieblichen Veranstaltungen, Messen, Seminaren und Kongressen haben sich Buffets als praktische und zwanglosere Alternative zum Menü etabliert. Zwanglos heißt auch hier nicht, dass keine Regeln gelten und Sie sich gehen lassen können.

Orientieren Sie sich am Buffet an der klassischen Menü-Abfolge: Kalte Vorspeisen/Salate, Suppen, warme Vorspeisen, Fischgerichte, Fleischgerichte, Käse und Dessert. Stillos sind Teller, die verschiedene Gänge mischen und die überladen sind. Gebrauchte Teller und benutztes Besteck werden nach jedem Gang abgeräumt. Gehen Sie also bitte nicht mit Ihrem mit Essens- und Saucenresten dekorierten Teller noch einmal zum Buffet.

Eine Unart, die Sie immer wieder beobachten können, ist das Vordrängeln oder das Anstehen von der anderen Seite des Buffets. Stellen Sie sich hinten an und warten Sie, bis Sie zu den Speisen kommen, die Sie sich nehmen möchten. Wenn Sie sich selbst bedienen, stochern Sie nicht in den angerichteten Speisen herum. Nehmen Sie sich vorsichtig etwas aus den Schüsseln oder von den Anrichteplatten herunter. Andere Gäste möchten sich auch noch ästhetisch vom Angebot ansprechen lassen.

Danach gehen Sie zu Ihrem Platz und essen dort. Unterwegs bereits vom Teller essen oder am Buffet mit den Fingern naschen, ist unappetitlich.

„Knigge kannst du knicken!" Dass dieser Werbespruch überholt ist, sollte Ihnen auf den letzten Seiten eingeleuchtet haben. Umgangsformen und Benimm-Regeln sind ein Garant für Erfolg oder Misserfolg einer Begegnung. Sie runden Ihr überzeugendes und sicheres Auftreten und damit Ihre Schokoladenseite ab. Wenn Sie sich zu benehmen wissen, punkten Sie in einem Bereich, der viel über Ihre Einstellung zu anderen Menschen aussagt. Wer nach seinen Gästen im Restaurant eintrifft, wirkt nicht besonders verbindlich und zuverlässig. Wer sich am Buffet vordrängelt, wirkt nicht besonders respektvoll und geduldig. Wer in die intime Distanzzone seines Gesprächspartners uner-laubt eindringt, wirkt taktlos und grenzüberschreitend. Wie Sie sich benehmen, sagt nicht nur über die Situation in der Sie sich befinden etwas aus. Sie sagt generell etwas über Sie aus. Und andere Menschen ordnen Sie dementsprechend ein. Wenn Ihr neuer Geschäftspartner oder potenzieller Kunde Sie wegen Ihres Zuspätkommens im Res-taurant für unzuverlässig hält, ist es schwierig für Sie, pünktliche Lieferzeiten zu garantieren. Was im Kleinen nicht klappt, klappt im Großen erst recht nicht. So könnte zumindest Ihr Kunde denken. Für weitere Details rund um das Thema Knigge empfehle ich Ihnen entsprechende Literatur zu diesem Thema oder ein Knigge-Training, bei dem Sie viele Benimm-Regeln ausprobieren können.

Small Talk

Das kleine Gespräch mit großer Wirkung

Small Talk kann überall nützlich sein – beim nächsten Bewerbungs-
gespräch, dem nächsten Akquisitionstermin, der nächsten Kunden-
präsentation, der nächsten Betriebsfeier oder dem nächsten Business-
Lunch. Ich bin nicht der Meinung, dass Small Talk immer sein muss.
Small Talk ist weder Zwang noch Pflicht. Dennoch kann er das Eis
brechen, Türen öffnen und Brücken zu anderen Menschen bauen,
und das auf leichte und unverbindliche Weise.

Mit Small Talk knüpfen Sie Kontakte. Es gibt etliche berufliche
Situationen, bei denen Sie auf fremde Personen treffen. Da ist Small
Talk der perfekte Eisbrecher und Türöffner. Wenn Sie einen Termin
mit einem neuen Kunden haben und überfallen ihn beim Eintreten
bereits mit Ihrem Konzept, fühlt er sich überrumpelt. Das ist weder
ein guter Start noch ein guter erster Eindruck. Stellen Sie sich vor, Sie
sind auf einem Seminar. Ein anderer Teilnehmer kommt auf Sie zu,
stellt sich vor und fragt Sie direkt nach Ihrer Meinung zur Gerechtig-
keit des Steuersystems. Da werden Sie wohl eher fassungslos sein als
sich herzlich eingeladen fühlen. Hier ist der zwanglose und oberflächliche Small Talk genau richtig. Er tut nicht weh, fordert nichts von
beiden Seiten und dient dennoch dazu, sich gegenseitig zu beschnup-
pern und kennenzulernen.

Small Talk ist ferner eine hervorragende Anti-Stress-Methode. In
allen Situationen, bei denen die Beteiligten aufgeregt, nervös und
unsicher sind, baut er Hemmschwellen und Blockaden ab. Er dient
dazu, erst einmal in der Situation anzukommen und sich zu akklima-
tisieren. Sie freuen sich beispielsweise beim nächsten Bewerbungsge-
spräch, wenn Ihr möglicher neuer Chef nicht sofort zur Sache kommt.
Erst einmal ein bisschen unverbindlich plaudern, an- und runterkom-
men und dann kann es losgehen. Genauso beim nächsten Akquisiti-

onstermin, dem kommenden Verkaufsgespräch oder der anstehenden Team-Besprechung.

Darüber hinaus schafft Small Talk eine angenehme, positive und verbindende Gesprächsatmosphäre. Beim Small Talk geht es nicht um Zahlen, Daten, Fakten, Fachkenntnisse und inhaltliche Brillanz. Es geht um Schmeichelei, darum herauszufinden, ob Ihr Gesprächspartner nett, interessant, sympathisch und unterhaltsam ist. Gibt es Gemeinsamkeiten, gemeinsame Interessen, Themen, Ansichten und Gefühle? Viele Verkaufsgespräche entscheiden sich bereits in den ersten Minuten beim Small Talk. Gute Verkäufer haben das Gespür und die Nase für diesen Moment. Sie wissen genau, ob sie in der nächsten Stunde erfolgreich sein werden oder die nächsten 15 Minuten dazu nutzen, mit einem einigermaßen guten Eindruck aus dem Termin zu kommen. Small Talk ist inhaltlich belanglos, oberflächlich und unverbindlich. Dennoch zeigen Sie hier bereits Ihre Schokoladenseite. Der andere hat einen ersten Eindruck von Ihnen, wie Sie wirken und ordnet Sie in eine Schublade ein. Jetzt ist nur noch eine Frage, ob die Schublade fest verschlossen oder leicht zugeschoben ist. Ist sie mit einem schlechten Eindruck gefüllt und fest verschlossen, haben Sie keine Chance mehr. Auch der zweite, dritte und vierte Eindruck ist unerheblich. Ist die Lade mit einem schlechten Eindruck gefüllt, aber nur lose zugeschoben, können Sie das Ruder in Ihrem Sinne noch herumreißen.

Aller Anfang ist schwer – und doch so leicht

Wenn Sie denken, Sie seien der einzige Mensch, dem die ersten Worte beim Small Talk fehlen, kann ich Sie beruhigen. Es geht vielen Ihrer Gesprächspartner genauso. Und viele von ihnen sind froh, wenn Sie irgendetwas sagen. Genau das ist auch die Messlatte. Sagen Sie irgendetwas und warten Sie nicht auf den intellektuellen Geistesblitz. Der kommt sowieso nicht. Darum geht es auch nicht. Legen Sie die Messlatte ganz niedrig, denn oberflächliche, leichte und allgemeinverständliche Themen sind der Gradmesser.

Nun gibt es grundsätzlich zwei Spielfelder: Auf dem einen kennen Sie Ihren Gesprächspartner bereits, wie zum Beispiel bei einem vereinbarten Kundentermin. Wie gehen Sie selbstverständlich in dieser Situation vor? Sie begrüßen sich, geben sich die Hände und stellen sich zumindest beim ersten Mal noch einmal namentlich vor. Das ist der Einstieg für den Small Talk.

Genau diesen Einstieg können Sie auch auf dem zweiten Spielfeld nutzen. Hier kennen Sie Ihre Gesprächspartner nicht, wie zum Beispiel bei einem Seminar, einer Messe oder einem Tag der offenen Tür. Sie treffen auf fremde Menschen. Was tun? Gehen Sie auf sie zu, begrüßen Sie den anderen, bieten den Handschlag an und stellen Sie sich namentlich vor. Das ist die Allzweck-Methode, die immer funktioniert. Immer! An dieser Stelle können Sie auch noch ein Sahnehäubchen draufsetzen, indem Sie etwas über sich sagen. Im Rahmen eines Seminarbesuches können Sie dem anderen zum Beispiel sagen, warum Sie das Seminar besuchen: „Hallo. Klaus Weber. Ich bin IT-Projektleiter und gespannt, welche neuen Methoden wir heute kennenlernen." Beim Tag der offenen Tür sagen Sie den Besuchern, wofür Sie zuständig und verantwortlich sind: „Guten Morgen und herzlich willkommen. Ich bin Tim Schulte, Leiter der Entwicklungs-Abteilung Staubsauger. Wenden Sie sich gerne bei allen Fragen rund um dieses staubige Thema an mich." Also: Begrüßen, die Hand geben, sich vorstellen und ein nettes Wort über Sie selbst – so steigen Sie in jede Small-Talk-Situation ein. Und was Sie über sich sagen wollen, das können Sie sich vorab bereits überlegen. Derart gehen Sie vorbereitet ins Gespräch.

Okay. Das Eis ist gebrochen, die ersten Nettigkeiten ausgetauscht, der erste Eindruck ist hinterlassen und dann? Wenn Sie Glück haben, sagt oder fragt Ihr Gegenüber etwas. Dann liegt vor Ihnen ein Elfmeter, den Sie nur noch sicher zu verwandeln brauchen. Wenn Sie Pech haben, kommt der Gesprächs-Ball vom anderen zurück zu Ihnen. Jetzt ist es wichtig, ein Thema anzubieten, dass der andere aufgreifen kann. Die folgenden Gesprächseinstiege sind möglich. Sie passen nicht in jeder Situation und nicht jeder dieser Einstiege passt zu Ihnen. Nehmen Sie die Auswahl als Zauberkasten an. So können Sie situativ entscheiden, welchen Einstieg Sie aus dem Kasten ziehen, um Ihren Gesprächspartner zu verzaubern.

- **Das Wetter.** Gehasst wie geliebt. Befreien Sie sich vom selbstauferlegten Anspruch, das Wetter sei zu banal als Einstieg. Seien Sie sich für nichts zu schade, denn der Zweck heiligt hier tatsächlich die Mittel. Wenn thematisch nichts geht, das Thema Wetter geht immer! Es ist einer meiner Lieblings-Einstiege, ein Universal-Thema, denn jeder kann etwas dazu sagen. Entscheiden Sie sich: Sagen Sie lieber nichts und hinterlassen einen sprachlosen Eindruck. Oder reden Sie doch über das Wetter und es entwickelt sich ein anregendes Verkaufsgespräch. Sie haben die Wahl. Vom Thema Wetter kommen Sie schnell zu angrenzenden Themen wie Urlaub, Reisen, Hobbys, Familie.

- **Die Anreise.** Auch vielfach verpönt, obwohl einfach und sehr viel Interesse signalisierend. Fragen Sie Ihren Gesprächspartner, wie er angereist ist, ob die Fahrt angenehm verlaufen ist, wie er gefahren ist, ob die Wegbeschreibung geholfen hat. Von der Anreise aus können sich Gespräche über Autos, das Verreisen, nette Bahnstrecken oder das entspannte Fliegen ergeben.

- **Der Anlass.** Toller Einstieg bei Anlässen mit mehreren unbekannten Personen: Seminare, Tagungen, Vorträge, Kongresse, Messen. Machen Sie den interessanten Anlass zum Thema: Warum interessiert Sie der Anlass? Warum sind Sie da? Wen kennen Sie? Worauf freuen Sie sich? Wie war es letztes Jahr?

- **Das Wohlbefinden.** Leider ein Thema, das inzwischen floskelhaft missbraucht wird, obwohl es der persönlichste Einstieg ist. Fragen Sie den anderen, wie es ihm geht. Sie kennen diese Frage sicherlich und rümpfen bereits die Nase. Tja, diese Frage stellt fast jeder. Bei den meisten ist es nur so, dass sie nicht wirklich daran interessiert sind, wie es dem anderen geht. Wenn Sie es ehrlich meinen, fragen Sie nach dem Wohlbefinden. Ihr Gesprächspartner spürt, ob Sie es ernst und ehrlich meinen. Wenn es Sie nicht wirklich interessiert, sollten Sie diesen Einstieg nicht nutzen.

- **Der Ort.** Gehen Sie künftig mit offenen Augen und geschärftem Blick durch die Welt. Zumindest dann, wenn Sie einen Auswärtstermin bei einem Kunden oder Geschäftspartner haben. Schauen Sie sich die Umgebung, wo Ihr Kunde sitzt, genauer an. Gibt es etwas Besonderes, Auffälliges oder Außergewöhnliches. Seien Sie besonders aufmerksam, sobald Sie die Räumlichkeiten Ihres Kunden betreten. Wie sind diese gestaltet? Welche Farben und Formen fallen Ihnen auf? Gibt es interessante Dekorationselemente wie Skulpturen, Pflanzen, Bilder oder Bodenbeläge. Das sind Beispiele für Themen, auf die Sie Ihren Kunden ansprechen können. Wenn Sie von hier aus auf die Vorteile von Holzfußböden, den letzten Museumsbesuch oder Tipps zur Gartengestaltung kommen, haben Sie eine Verbindung zwischen Ihnen und dem Kunden geschaffen.

- **Gemeinsamkeiten.** Manchmal stellen Sie, nachdem Sie ein Thema angerissen haben, fest, dass Sie dieses mit dem anderen verbindet. Es gibt aber auch sofort ins Auge fallende Gemeinsamkeiten, die Sie thematisieren können: der gleiche Anzug, das gleiche Hemd, die gleiche Brille, die gleiche Uhr, der gleiche Time-Planer. Solche Gemeinsamkeiten können Sie locker und humorvoll ansprechen. Und mit Humor ist das Eis sofort gebrochen. Wenn Sie zu Beginn bereits mit Ihrem Gesprächspartner lachen können, ist der Rest unproblematisch.

- **Aktuelles.** Vieles ist aktuell. Insofern ist es auf den ersten Blick schwierig, das Richtige auszuwählen. Sie sollten nicht auf alle Bereiche des öffentlichen Lebens und Geschehens wahllos zurückgreifen. Aktuelle Themen sollten grundsätzlich positiv besetzt sein und so präsent, dass Sie davon ausgehen können, dass Ihr Gesprächspartner auch im Bilde ist: Fußball-Europa- und Weltmeisterschaften, Olympische Spiele, Ostern, Weihnachten, der warme und sonnige Sommer, die erfolgreiche Marslandung oder ein regional bedeutendes Ereignis.

- **Der Hilfeschrei und das Hilfsangebot.** Auch dieser Einstieg ist Erfolg versprechend bei Anlässen mit unbekannten Personen. Wenn Sie jemanden um einen Gefallen bitten, sollten Sie dies mit einem „Bitte entschuldigen Sie …" oder „Können Sie mir bitte …" einleiten. Das ist höflicher und freundlicher. Umgekehrt können Sie auch Ihre Hilfe anbieten. Auch dann sollten Sie höflich fragen:„Darf ich Ihnen helfen …", „Kann ich Ihnen weiterhelfen …" oder „Ist es okay, wenn …". Einfach helfen kann zu plump und direkt sein. Wenn allerdings eine ältere Dame auf einer Treppe hinfällt, fragen Sie natürlich nicht, sondern reagieren sofort. Bei beiden Einstiegsmöglichkeiten warten Sie erst einmal ab, wie der andere reagiert. Will er Ihnen helfen oder sich helfen lassen, stellen Sie sich vor und sagen etwas über sich. So sind Sie sofort im Gespräch.

- **Das Kompliment.** Das ist die hohe Kunst des Schmeichelns. Jeder von uns wird gerne gelobt und ein Kompliment tut immer gut. Es sollte nur, wie die Frage nach dem Wohlbefinden, absolut ehrlich und von Herzen kommend sein. Wenn Ihr Gesprächspartner das spürt, landen Sie einen emotionalen Volltreffer. Gleichzeitig sollten Sie es aber nicht übertreiben. Schleimen kommt nicht gut an. Wofür Sie Ihren Gesprächspartner loben können? Im Prinzip für alles, was Ihnen positiv auffällt. Das können materielle Dinge wie zum Beispiel die Frisur, die Kleidung oder das Bild an der Wand sein. Aber auch die nicht greifbaren Dinge können lobenswert sein: das Sich-Zeit-Nehmen, der Service oder das Thema des Vortrags.

- **Die Visitenkarte.** Ja, Sie lesen richtig. Die Visitenkarte Ihres Gesprächspartners bietet eine Menge Gesprächsstoff. Sie haben im vorigen Kapitel gelesen, dass Sie aus Gründen des Respekts, der Wertschätzung und der Höflichkeit immer einen kurzen Blick auf die erhaltene Visitenkarte werfen sollen. Diese Zeit können Sie nutzen, um dort nach Gesprächsaufhängern zu suchen: das Logo, das Design, die Farben, der Firmenname, die Stadt, die Berufsbezeichnung und die Funktion, der persönliche Name. Alles können Sie thematisieren und gezielte Fragen dazu stellen. Wenn es ein ungewöhnlicher oder ausländischer Name ist, fragen Sie genauer nach, woher er stammt. Stellen Sie Fragen zur Stadt, aus der Ihr Gesprächspartner kommt. Fragen Sie nach, was das Logo bedeutet. Am besten loben Sie vorher noch das schöne Design.

Jetzt haben wir den Zauberkasten mit Inhalten gefüllt. Probieren Sie es in der Praxis aus. Dann bekommen Sie ein Gefühl dafür, welche Einstiege in welcher Situation am besten funktionieren und welche zu Ihnen passen.

Vorsicht Falle!

Sie können mit allen Gesprächseinstiegen und Themen, die Sie ansprechen, danebenliegen. Fettnäpfchen lauern überall. Es gibt aber Themen, die sind aus sich heraus schwierig und deshalb ungeeignet für den Small Talk: Hände weg von Themen, die negativ, konfliktträchtig, zu speziell oder diskriminierend sind. Sie wollen eine Brücke zum anderen bauen und keine Bombe werfen, nach der Sie nichts mehr aufbauen können. Folgende Themen sollten für Sie tabu oder zumindest mit Vorsicht zu genießen sein:

- **Politik und Religion.** Hier geht es um Überzeugungen, Ansichten und Meinungen, die zum Streiten einladen. Wenn ein konservativer CDU-Anhänger auf den linken PDS-Sympathisanten trifft, prallen Welten aufeinander. Genauso wenn der konservative Katholik auf den esoterisch angehauchten Buddhisten trifft. Das geht nicht gut und die Beziehung ist zerstört, bevor Sie eine Chance hatte zu reifen.

- **Sex/Intimes.** Wenn Sie in den Swinger-Club gehen, können Sie dort vor Ort gerne über Ihre Vorlieben und Fantasien plaudern. Ansonsten hat es nichts im beruflichen Sektor zu suchen. Nötigen

Sie bitte niemals Ihren Gesprächspartner, über intime Dinge zu plaudern noch Ihnen bei solchen zuhören zu müssen.

- **Krankheit und Tod.** Wenn Sie Ihre Großeltern besuchen, kann dies ein wichtiges Thema sein. Wer von uns kennt nicht die Geburtstagsfeiern bei Tante Erna, bei denen nur gestöhnt und geächzt wird, wie schlecht es allen geht und dass der Sensenmann bald kommt. Hier passt das Thema. Es ist auch okay, wenn Sie sich kurz über die aktuelle Grippewelle austauschen und jetzt wieder befreit atmen können. Vermeiden Sie aber tiefergehende Gespräche über diese Themen. Sie sind negativ, angstbesetzt und beeinflussen die Stimmung negativ.

- **Einkommens- und Vermögensverhältnisse.** Das ist sicher ein typisch deutsches Phänomen. Sie können es an der endlosen Diskussion zur Offenlegung von Manager-Gehältern beobachten. Wir Deutschen reden nicht gerne und offen über Geld, Einkommens- und Vermögensverhältnisse. Halten Sie sich hierbei bedeckt. Dieses Thema ist ein Thema, das häufig von Neid, Ungerechtigkeitsdebatten und Prahlerei begleitet ist.

- **Klatsch und Tratsch.** Seien wir alle mal ehrlich, ein bisschen Lästern hier und dort macht Spaß. Dennoch sollten Sie es nicht in Ihre Gespräche im beruflichen Rahmen einfließen lassen. Sie wirken schnell arrogant, überheblich und unreflektiert.

- **Spezial-Themen.** Vermeiden Sie alle Themen, die zu speziell sind und von Ihrem Gegenüber Fachwissen verlangen. Es sei denn, Sie wissen hundertprozentig, dass Ihr Gesprächspartner sich auskennt und gerne darüber redet. Ansonsten stoßen Sie den anderen vor den Kopf, entlarven ihn als unwissend und frönen nur Ihrer Selbstverliebtheit in das Thema. Also keine Themen wie zum Beispiel: die flämische Kunst des 18. Jahrhunderts, die kulinarischen Genüsse der australischen Küche, die wunderbare Welt der Meeresalgen, die neuen Modetrends aus Paris oder die besten Golfplätze in Süddeutschland.

Neben den kritischen Themen haben Sie eine Riesen-Auswahl an positiven Themen. Themen, die prinzipiell gut geeignet sind, jedem Small Talk die gesunde Basis zu geben: Urlaub und Reisen, Familie und Partnerschaft, Freizeitaktivitäten und Hobbys, Kultur und Sport, Film und Fernsehen, Bücher, Essen und Trinken, Gesundheit und Wellness, Wohnen und Einrichten, Tiere und Pflanzen. Greifen Sie in die Themenkiste, probieren Sie verschiedene Themen aus. Dann entwickeln Sie immer besser ein Gespür für die richtigen Themen zur richtigen Zeit in der passenden Situation.

Vorsicht Fallensteller!

Neben den thematischen Fettnäpfchen gibt es leider auch Personen, die für Sie ein Fettnäpfchen sein können. Auch wenn Sie sich sicher auf dem Small-Talk-Parkett bewegen, kann Ihr Gesprächspartner Ihnen durch sein Verhalten ordentlich zusetzen. Ihrer Schokoladenseite tut es gut, wenn Sie in diesen Situationen souverän bleiben.

• **Der Quizmaster.** Small Talk ist weder ein Interview noch ein Verhör. Das Gefühl, von Fragen durchbohrt zu werden, die Sie schlimmstenfalls nicht einmal beantworten können, ist sehr unangenehm. Sie können darauf unterschiedlich reagieren. Geben Sie offen zu, dass Sie etwas nicht wissen: „Es tut mir leid, aber davon habe ich noch nichts gehört." Das kann auch humorvoll sein: „Ja, da haben Sie mich doch glatt auf dem falschen Fuß erwischt. Das kenne ich gar nicht." Seien Sie selbstbewusst genug zuzugeben, dass Sie etwas nicht wissen oder kennen. Sie können aber auch mit Rückfragen kontern: „Was meinen Sie denn genau?", oder eine Erklärung verlangen: „Das kenne ich nicht, aber erzählen Sie mal. Klingt interessant." Eine dritte Möglichkeit ist, das Thema elegant zu wechseln. Wenn Sie das Thema geschickt und höflich wechseln wollen, brauchen Sie eine Brücken-Formulierung. Mit „Übrigens …", „Haben Sie schon gehört …", „Mir ist das was interessantes passiert …", „Wussten Sie schon …" oder Entschuldigen Sie bitte, aber mir brennt noch ein anderes Thema unter den Nägeln ..." gelingt Ihnen ein eleganter Übergang.

- **Der Vielredner.** Es gibt Menschen, die reden ohne Unterlass. Das ist verdammt anstrengend. In diesem Falle sollten Sie keine Fragen stellen, denn damit treten Sie das ultimative Rede-Feuerwerk los. Nicken Sie interessiert zu und halten Sie sich mit eigenen Gesprächsanteilen zurück. Nutzen Sie kurze Redepausen, um selbst etwas zu sagen. Haben Sie eine größere Gesprächsrunde, versuchen Sie die anderen ins Gespräch einzubinden. Wenn nichts mehr geht, finden Sie einen Vorwand, das Gespräch zu unterbrechen oder zu beenden. Das können zum Beispiel der Toilettengang, ein wichtiger Termin oder eine vergessene Aufgabe sein. Sind Sie alleine mit Ihrem Kunden beim Mittagessen, bleibt Ihnen im Zweifelsfall nichts anderes übrig, als den Monolog zu ertragen.

- **Der Besserwisser.** Manche wissen eben alles besser und nutzen jedes Gespräch dazu, sich zu profilieren, zu prahlen und zu belehren. Wenn Sie es ertragen können, stimmen Sie einfach zu und geben dem Schlaumeier recht. Getreu dem Motto: Du hast recht und ich meine Ruhe. Sie können aber gezielt mit Fragen immer weiter nachbohren. Das schmeichelt ihm, bis zu dem Punkt, an dem er nicht weiter weiß. Erfahrungsgemäß rudern Besserwisser dann plötzlich zurück, wechseln das Thema oder geben den Ball an andere Gesprächspartner ab. Ein wenig frech, aber dennoch erlaubt ist es, selbst etwas besser zu wissen. Entlarven Sie den Schlauberger, indem Sie mit entsprechenden Argumenten aufwarten. Nicht ganz so direkt ist es, wenn Sie am Gesagten zweifeln: „Echt? Also das habe ich anders gehört." Oder, „Da staune ich aber. Bis jetzt dachte ich immer ...".

- **Der Miesmacher.** Wenig Spaß macht der Small Talk mit Menschen, die alles schwarzsehen, die ständig nörgeln und meckern. Das macht jede positive Gesprächskultur zunichte. Ignorieren Sie die Situation zunächst einmal und warten Sie ab, wie weit es der andere treibt. Bemühen Sie sich dabei, im positiven Modus zu bleiben. Zeigen Sie gerne auch ein wenig Verständnis, denn vielleicht steckt Ihr Gegenüber gerade in einer schwierigen Lebenssituation. Versuchen Sie dann wie oben beschrieben, das Thema höflich zu wechseln. Wenn Sie ausreichend selbstbewusst sind, sprechen Sie das Thema offen an. Motivieren Sie Ihren Gesprächspartner, über die schönen Dinge des Lebens zu reden: „Ach ja, das ist alles ganz schrecklich. Lassen Sie uns das aber heute mal beiseiteschieben und die schöne Dinge betrachten.", oder „Ich weiß, dass Sie das bewegt. Aber es ist doch auch interessant, dass …" Holen Sie so Ihren Gesprächspartner auf der schlechten Seite ab und führen ihn über die Brücke auf die gute Seite.

- **Der Schweiger.** Die Vielredner können ganz schön nerven, aber wenn jemand gar nichts sagt, ist das auch nicht besser. Das kann unterschiedliche Ursachen haben. Vielleicht ist Ihr Gegenüber schüchtern, verunsichert, unerfahren beim Small Talk oder einfach nur introvertiert. Stellen Sie viele offene Fragen nach dem Sesamstraßen-Prinzip: Wer, wie, was, wieso, weshalb, warum. Damit öffnen Sie das Gespräch und animieren den anderen, etwas zu erzählen. Sie können auch zum Hauptthema des Treffens übergehen. Sie haben einen Termin, um über ein Konzept, eine Strategie oder ein Angebot zu sprechen? Dann steigen Sie ins Thema ein. Dann wird Ihr Gesprächspartner in aller Regel redselig. Wenn es ein loses Zusammentreffen wie zum Beispiel bei einem Seminar, einer Messe oder einer Tagung ist, beenden Sie höflich das Gespräch: Bedanken Sie sich für die letzten paar Minuten. Wünschen Sie Ihrem Gesprächspartner noch einen schönen Tag, viel Spaß oder weiterhin gute Geschäfte. Sagen Sie, dass Sie sich auf das nächste Gespräch freuen. Sie können sich auch hier mit einem Vorwand aus dem Gespräch entfernen.

Vorstehend haben Sie die wichtigsten Regeln für den Small Talk kennengelernt. Diese sollten Sie kennen und beherrschen. Sie runden das Bild Ihrer Schokoladenseite ab. Sie brauchen Small Talk nicht immer.

Er ist kein Muss. Wenn es aber zum kleinen Gespräch kommt, sollten Sie es unverkrampft führen können. Also rein in die Praxis. Freuen Sie sich auf die nächsten Small Talks!

Suchen Sie sich zum Üben ein paar leichte Alltags-Situationen aus. Beim nächsten Einkauf unterhalten Sie sich mit dem Verkäufer. Beim nächsten Friseurbesuch unterhalten Sie sich ausgiebig mit Ihrem Friseur. Beim nächsten Café-Besuch verwickeln Sie den Kellner in ein Gespräch. Bei der nächsten Taxi-Fahrt drehen Sie den Spieß um und plaudern ungezwungen mit dem Fahrer. Beim nächsten Arztbesuch tauschen Sie ein paar Nettigkeiten mit den Arzthelferinnen aus. Das sind private Situationen, in denen ihn nichts passieren kann. Machen Sie sich das Leben beim Small Talk nicht so schwer. Es geht nicht um einen Preis für Ihr Lebenswerk als bester Small-Talker. Es geht nur darum, überhaupt etwas zu sagen. Und denken Sie daran: Wenn nichts geht, das Thema Wetter geht immer!

Ihr Sekunden-Werbefilm

Den ersten Eindruck gekonnt inszenieren

„Und was machen Sie so beruflich?" So oder abgewandelt klingt die am meisten gestellte Frage bei Seminaren, Kongressen, Tagungen und Partys. Also bei allen Veranstaltungen mit vielen unbekannten Menschen. Und hierbei gibt es nur zwei Wege der Kontaktaufnahme: entweder durch Small Talk oder über die Frage nach Ihrer beruflichen Situation. Wenn es Ihnen dann gelingt, Ihren Gesprächspartner innerhalb von wenigen Sekunden für Sie zu begeistern, haben Sie Ihre Schokoladenseite professionell und überzeugend gezeigt. Aber wie gelingt Ihnen das?

Bekannt geworden ist diese Form der Kurz-Präsentation inzwischen auch als „Elevator Pitch". Pfiffige Vertriebskräfte in den USA haben sich irgendwann einmal überlegt, wie Sie bei Ihren Vorgesetzten am besten einen Termin bekommen, um eine Idee vorzustellen. Dabei ist die Idee der Fahrstuhl-Präsentationen entstanden. Wenn ich keinen Termin bekomme, nutze ich eben die 20 oder 30 Sekunden im Fahrstuhl, die ich mit meinem Vorgesetzten dort verbringe. 20 oder 30 Sekunden Zeit, um meinen Chef von meiner Idee zu überzeugen, ist verdammt wenig. Aber es geht! Dieses Prinzip der Fahrstuhl-Präsentation können Sie auf die oben geschilderte Situation übertragen. „Was machen Sie denn so beruflich?" Sie haben nur wenig Zeit, bei Ihrem Gegenüber Neugierde zu wecken, Aufmerksamkeit zu erregen, zu begeistern und so einen interessanten Kontakt zu knüpfen. Niemand hat Lust, sich auf diese Frage einen ausführlichen Vortrag von Ihnen anzuhören. Sie brauchen eine selbst kreierte Werbebotschaft, die authentisch ist und andere Menschen überzeugt. Und das in wenigen Worten.

Dass Sie eine überzeugende Körpersprache, eine einnehmende Stimme und eine klare Wortwahl brauchen, wissen Sie bereits. Dennoch brauchen Sie auch ein wenig Inhalt, den Sie interessant verpacken können. Auf die Frage, was Sie beruflich machen, sollten Sie auch als Erstes antworten. An der Stelle trennt sich bereits die Spreu vom Weizen. „Ich bin kaufmännischer Angestellter." Tja, das sind Millionen andere Menschen in Deutschland auch. Außerdem ist es eine sehr allgemeine Formulierung. Je konkreter Sie sind, desto interessanter sind Sie. Nennen Sie doch genauer Ihre Branche, Ihre Funktion oder Ihre Aufgaben- und Zuständigkeitsbereiche.

Was machen Sie kaufmännisch?

- „Ich bin Einkäufer."
- „Ich bin Kundenbetreuer."
- „Ich bin Außendienstmitarbeiter."
- „Ich bin Marketing-Assistent."

Das ist schon genauer als der kaufmännische Angestellte, aber so richtig beeindruckend ist die Aussage noch nicht.

Machen Sie darüber hinaus bei Ihrer Vorstellung klar, in welcher Branche oder für welches Unternehmen Sie tätig sind:

- „Ich bin Einkäufer bei Auto Hoffmann."
- „Ich bin als Kundenbetreuer in der Energie-Branche tätig."
- „Ich bin als Finanzberater im Aktiengeschäft tätig."
- „Ich bin Marketing-Assistent bei Schleckermann."

Das sind Aussagen, die langsam greifbarer werden und die Vorstellungskraft des anderen aktivieren.

Doch es geht noch konkreter, noch ansprechender. Greifen Sie beispielhaft einen Arbeits- und Aufgabenbereich aus Ihrem Gesamtrepertoire heraus. Ein Einkäufer in der Automobil-Industrie hat viele Aufgaben. Trauen Sie sich, Ihre Werbebotschaft auf eine Sache zu konzentrieren.

- „Ich bin bei Auto Hoffmann. Dort kaufe ich Ersatzteile für Scheibenbremsen ein, sodass unsere Kunden immer sicher auf deutschen Straßen fahren können."

- „In der Energie-Branche bin ich zu Hause. Ich berate private Haushalte darin, wie sie mit energiesparenden Heizsystemen viel Kohle sparen können."

- „Ich bin im Aktiengeschäft tätig. Ich sehe zu, dass meine Kunden ohne Umwege an der Börse Geld verdienen."

- „Ich bin bei Schleckermann. Ich kümmere mich darum, dass in jedem Supermarkt in Deutschland unser Eis-Sortiment vertreten ist."

Das sind konkrete Aussagen, die nachvollziehbar und greifbar sind. Sie haben auf diese Weise Ihre Aufgabe bereits mit einem Kunden-Nutzen verbunden. Branche, Aufgabengebiet, Nutzen – das sind die ersten drei Teile Ihrer Erfolgsgeschichte, formuliert in zwei bis drei Sätzen. Mehr brauchen Sie als spontane Antwort nicht. Das einzige Sahnehäubchen, das Sie noch draufsetzen können, ist eine Besonderheit oder etwas Einzigartiges. Gibt es etwas, dass Sie oder Ihr Unternehmen von allen anderen unterscheidet: zum Beispiel eine besondere Kombination von Service- und Dienstleistungen, ein unschlagbarer Preis, eine besondere Produktlinie, ein patentiertes Verfahren, eine außergewöhnliche Werbestrategie.

- „Ich bin bei Auto Hoffmann. Dort kaufe ich Ersatzteile für Scheibenbremsen ein, sodass unsere Kunden immer sicher auf deutschen Straßen fahren können. Die Kombination der Rohstoffe, die wir einsetzen, ist dabei zu 100 Prozent ökologisch und damit einzigartig."

- „In der Energie-Branche bin ich zu Hause. Ich berate private Haushalte darin, wie sie mit energiesparenden Heizsystemen viel Kohle sparen können. Dabei ist das Erstgespräch immer kostenfrei."

- „Ich bin im Aktiengeschäft tätig. Ich sehe zu, dass meine Kunden ohne Umwege an der Börse Geld verdienen. Dabei greife ich als Unabhängiger auf viele Banken und Investmenthäuser zurück."

- „Ich bin bei Schleckermann. Ich kümmere mich darum, dass in jedem Supermarkt in Deutschland unser Eis-Sortiment vertreten ist. Durch unser patentiertes Herstellungsverfahren schmeckt unser Eis so cremig-zart."

Das macht Lust auf mehr! Jetzt haben Sie die Aufmerksamkeit des anderen geweckt. Jetzt ist er neugierig und will mehr von Ihnen wissen oder einen Termin vereinbaren. Haben Sie kein Interesse geweckt, dann akzeptieren Sie es. Das passiert. Sie können nicht jeden Menschen für sich gewinnen und begeistern. Wenn Ihr Gesprächspartner nun weiter nachfragt, können Sie gerne Details auspacken und Hintergründe preisgeben.

Wenn ich früher gefragt worden bin, was ich denn so beruflich mache, habe ich geantwortet: „Ich bin Kommunikations-Trainer." Das mache ich auch heute noch in Situationen und bei Personen, bei denen es nicht darauf ankommt, besonderes Interesse zu wecken. Ansonsten antworte ich folgendermaßen: „Ich bin Trainer für authentische Wirkung und Überzeugungskraft. Ich mache Mitarbeiter rhetorisch fit, damit sie Kunden von sich begeistern können. Dabei provoziere ich leidenschaftlich gerne, um meine Teilnehmer aus der Reserve zu locken." Sie können jetzt einwerfen, dass ich ganz schön dick auftrage und eine Provokation auch ganz schön riskant ist. Ja, da haben Sie recht. Ich trage dick auf und provoziere mit der Aussage, dass ich provoziere. Aber das macht mich erkennbar und unterscheidbar. Das wollen Sie doch sein: erkennbar und unterscheidbar. Deshalb haben Sie dieses Buch, bis zu dieser Stelle gelesen. Also raus der Komfortzone und ran an Ihre Schokoladenseite.

Lebensweisheiten für alle Fälle

Anregungen und Motivation

An dieser Stelle lohnt es sich zu betrachten, wie andere es gemacht haben und mit welcher Einstellung. Deshalb sind hier aussagekräftige Zitate prominenter und erfolgreicher Personen zum, Thema dieses Buches zusammengestellt. Lassen Sie sich davon anregen und motivieren.

„Es gibt zwei Möglichkeiten, Karriere zu machen: Entweder leistet man wirklich etwas oder man behauptet, etwas zu leisten. Ich rate zur ersten Methode, denn hier ist die Konkurrenz bei weitem nicht so groß."

(Danny Kaye, US-Schauspieler und Oscar-Preisträger)

„Man kann niemanden überholen, wenn man in seine Fußstapfen tritt."

(François Truffaut, französischer Regisseur,
Schauspieler und Produzent)

„Auch eine Enttäuschung, wenn sie nur gründlich und endgültig ist, bedeutet einen Schritt vorwärts."

(Max Planck, Begründer der Quantentheorie und Nobel-Preisträger)

„Erfolg besteht darin, dass man genau die Fähigkeiten hat, die im Moment gefragt sind."

(Henry Ford, Gründer von Ford)

„Zuerst ignorieren sie Dich. Dann lachen sie über Dich. Dann bekämpfen sie Dich. Und dann gewinnst Du."

(Mahatma Ghandi, indischer Freiheitskämpfer)

„Wir sind nur dadurch erfolgreich, dass wir uns im Leben oder im Krieg oder wo auch immer ein einzelnes beherrschendes Ziel setzen, und diesem Ziel alle anderen Überlegungen unterordnen."

(Dwight D. Eisenhower, US-Präsident und Oberbefehlshaber der Alliierten Streitkräfte im Zweiten Weltkrieg)

„Erfolg hat, wer ihm entgegengeht, statt ihm nachzulaufen."

(Aristoteles Onassis, griechischer Reeder)

„Erfolg heißt einmal mehr aufstehen, als hinzufallen."

(Winston Churchill, britischer Premier-Minister und Nobel-Preisträger)

„In allen Dingen hängt der Erfolg von den Vorbereitungen ab."

(Konfuzius, chinesischer Philosoph)

„Wir neigen dazu, Erfolg eher nach der Höhe unserer Gehälter oder nach der Größe unserer Autos zu bestimmen als nach dem Grad unserer Hilfsbereitschaft und dem Maß unserer Menschlichkeit."

(Martin Luther King, amerikanischer Pastor und Bürgerrechtler)

„Das wahre Geheimnis des Erfolgs ist die Begeisterung."

(Walter Chrysler, amerikanischer Automobil-Pionier)

„Je nachdem, wie mutig ein Mensch ist, expandiert oder schrumpft sein Leben."

(Anaïs Nin, französische Schriftstellerin)

„Die Zukunft hat viele Namen. Für die Schwachen ist sie die Unerreichbare, für die Furchtsamen ist sie die Unbekannte, für die Tapferen ist sie die Chance."

(Victor Hugo, französischer Schriftsteller)

„Es liegt in der Natur der Dinge, dass es viele Gelegenheiten gibt, die Sie nicht wahrnehmen können. Ihr Job ist es, einige gute wahrzunehmen."

(John Templeton, Investment-Banker)

Anhang

Der Antreiber-Test

Vorgehensweise:

Beantworten Sie bitte diese Aussagen mithilfe der Bewertungsskala (1-5), so wie Sie sich im Moment im Beruf selber sehen. Schreiben Sie den entsprechenden Zahlenwert in die dahinter stehende Klammer.

Die Aussage trifft auf mich in meiner Berufswelt zu:

1 – gar nicht

2 – kaum

3 – etwas

4 – gut

5 – voll und ganz

Test

1. Wenn ich eine Arbeit mache, dann immer gründlich. ( )
2. Ich fühle mich verantwortlich, dass alle, die mit mir zu tun haben, sich wohlfühlen. ( )
3. Ich bin ständig auf Trab. ( )
4. Anderen zeige ich meine Schwächen nicht gerne. ( )
5. Wenn ich raste, roste ich. ( )
6. Häufig gebrauche ich den Satz: „Es ist schwierig, etwas so genau zu sagen." ( )

7. Ich sage oft mehr, als eigentlich nötig wäre. ( )

8. Ich habe Mühe, Menschen zu akzeptieren, die ungenau sind. ( )

9. Es fällt mir schwer, Gefühle zu zeigen. ( )

10. Nur nicht locker lassen, ist meine Devise. ( )

11. Wenn ich meine Meinung sage, begründe ich sie auch. ( )

12. Wünsche erfülle ich mir schnell. ( )

13. Ich liefere einen Bericht erst ab, wenn ich ihn mehrmals überarbeitet habe. ( )

14. Menschen, die „herumtrödeln", regen mich auf. ( )

15. Es ist mir wichtig, von anderen akzeptiert zu werden. ( )

16. Ich habe eher eine harte Schale, aber dafür einen weichen Kern. ( )

17. Ich versuche oft herauszufinden, was andere von mir erwarten, um mich danach zu richten. ( )

18. Leute, die unbekümmert in den Tag hineinleben, kann ich nur schwer verstehen. ( )

19. Bei Diskussionen unterbreche ich die anderen oft. ( )

20. Ich löse meine Probleme selber. ( )

21. Aufgaben erledige ich möglichst rasch. ( )

22. Im Umgang mit anderen bin ich auf Distanz bedacht. ( )

23. Ich sollte viele Aufgaben noch besser erledigen. ( )

24. Ich kümmere mich auch um nebensächliche Dinge. ( )

25. Erfolge fallen nicht vom Himmel. Dafür muss ich hart arbeiten. ( )

26. Für dumme Fehler habe ich wenig Verständnis. ( )

27. Ich schätze es, wenn andere auf meine Fragen rasch und bündig antworten. ( )

28. Es ist mir wichtig, von anderen zu erfahren, ob ich meine Sache gut gemacht habe. ( )

29. Wenn ich eine Aufgabe einmal begonnen habe, führe ich sie auch zu Ende. ( )

30. Ich stelle meine Wünsche und Bedürfnisse zugunsten anderer Personen zurück. ( )

31. Ich bin anderen gegenüber oft hart, um von ihnen nicht verletzt zu werden. ( )

32. Ich trommle oft ungeduldig mit den Fingern auf den Tisch. ( )

33. Beim Erklären verwende ich gerne klare Aufzählungen. ( )

34. Ich glaube, dass die meisten Dinge nicht so einfach sind, wie viele meinen. ( )

35. Es ist mir unangenehm, andere Menschen zu kritisieren. ( )

36. Bei Diskussionen nicke ich oft bejahend mit dem Kopf. ( )

37. Ich strenge mich an, um meine Ziele zu erreichen. ( )

38. Mein Gesichtsausdruck ist eher ernst. ( )

39. Ich bin sehr nervös. ( )

40. So schnell kann mich nichts erschüttern. ( )

41. Meine Probleme gehen die anderen nichts an. ( )

42. Ich sage oft: „Macht mal vorwärts." ( )

43. Ich sage oft: „Genau", „exakt", „klar", „logisch". ( )

44. Ich sage oft: „Das verstehe ich nicht …". ( )

45. Ich sage eher „Können Sie es nicht mal versuchen?" als „Versuchen Sie es mal". ( )

46. Ich bin diplomatisch. ( )

47. Ich versuche, die an mich gestellten Erwartungen zu übertreffen. ( )

48. Beim Telefonieren wälze ich nebenbei oft noch Akten. ( )

49. „Auf die Zähne beißen" heißt meine Devise. ( )

50. Trotz enormer Anstrengung will mir vieles einfach nicht gelingen. ( )

Auswertung

Übertragen Sie jetzt bitte Ihre Bewertungszahlen hinter jede entsprechende Fragenummer. Zählen Sie dann die Bewertungszahlen zusammen. Es muss immer eine Summe zwischen 10 und 50 dabei herauskommen.

Seien Sie perfekt!

1. _____

8. _____

11. _____

13. _____

23. _____

24. _____

33. _____

38. _____

43. _____

47. _____

Total: _____

Beeilen Sie sich!

3. _____

12. _____

14. _____

19. _____

21. _____

27. _____

32. _____

39. _____

42. _____

48. _____

Total: ____

Seien Sie gefällig!

2. _____

7. _____

15. _____

17. _____

28. _____

30. _____

35. _____

36. _____

45. _____

46. _____

Total: ____

Strengen Sie sich an!

5. _____

6. _____

10. _____

18. _____

25. _____

29. _____

34. _____

37. _____

44. _____

50. _____

Total: ____

Seien Sie stark!

4. _____

9. _____

16. _____

20. _____

22. _____

26. _____

31. _____

40. _____

41. _____

49. _____

Total: ____

Über den Autor

Mein Name ist Jörg Frehmann, ich bin Trainer für authentische Wirkung und Überzeugungskraft. Das mache ich leidenschaftlich, engagiert und mit vollem Herzblut. Dafür brenne ich, dahinter stehe ich. Ich liebe es, vor Publikum zu stehen, mit Menschen in meinen Trainings zu arbeiten und ihnen als Impulsgeber zu dienen. Lampenfieber, Unsicherheiten, Nervosität – das sind heute Fremdwörter für mich. Doch das war nicht immer so.

Als ich 1996 angefangen habe zu studieren, war ich bei Weitem nicht so rhetorisch geschult wie heute. Und vor Publikum zu stehen, war nicht gerade meine Lieblingsdisziplin. Im ersten Semester habe ich mich sogar davor gedrückt, ein Referat zu übernehmen. Im zweiten Semester hat ein Professor in der ersten Sitzung des neuen Semesters zu uns gesagt: „Tun Sie das, was Sie am wenigsten können und wollen. Können Sie schlecht schreiben, schreiben Sie bitte eine Hausarbeit. Fällt es Ihnen schwer, ein Referat zu halten, tun Sie es." Das habe ich mir zu Herzen genommen. Und dann habe ich mein erstes Referat gehalten. Ich war sehr nervös, hatte zu Beginn eine zitternde Stimme, mein Herz raste und nach dem Referat war ich schweißgebadet und duftete wohl entsprechend. Doch das war egal, denn es war meine Initialzündung. Ich hatte meinen inneren Schweinehund überwunden und meine negativen Glaubenssätze beiseitegeschoben. In den folgenden Semestern habe ich weitere Referate übernommen, wodurch ich immer sicherer wurde. Gleichzeitig habe ich an meiner Einstellung und den dazu gehörenden Merkmalen gearbeitet.

Dann hat mir ein Professor die Stelle einer studentischen Hilfskraft angeboten, weil ich ihn mit meinem Referat überzeugt hatte. Wow! Das war ein Erfolgserlebnis. Ich wurde einen Kopf größer und lief mit einem Dauergrinsen durch den Tag. Und die nächste Herausforderung stand bald vor der Tür. Ab dem sechsten Semester habe ich als studentische Hilfskraft Seminare geleitet, mal mit meinem Chef, mal ohne. Das war ein krasser Rollenwechsel. Als referierender Student hatte ich immer den Dozenten als Sicherheit bei mir. Nun war ich die Sicherheit für meine Kommilitonen. Auch hier waren die ersten Male schweißtreibend.

Und dann ist es passiert. Allmählich bin ich immer sicherer geworden. Allmählich machte die Sache Spaß. Und allmählich konnte ich mir eine Laufbahn als Dozent vorstellen. Nach ein paar beruflichen Zwischenstationen, die ich ausprobieren wollte, habe ich den Schritt gewagt: Ich habe mich vor sieben Jahren als Trainer für authentische Wirkung und Überzeugungskraft selbstständig gemacht. Warum? Weil ich Spaß daran habe. Und das ist Luxus. Wie viele Menschen können aus ihrem tiefsten Inneren ehrlich und überzeugt sagen, dass ihnen ihr Beruf Spaß macht? Wenige.

Das alles ist nicht alleine mein Verdienst. Vieles schon, aber ich habe mir auch helfen lassen. Eine Menge Bücher habe ich verschlungen, Kommunikations-Trainings besucht und mich coachen und therapeutisch beraten lassen. Das hat aus mir den heute positiv denkenden und gestimmten Menschen gemacht. Und eines steht fest: Ich bin überzeugt von mir und von dem, was ich tue. Ein großer Teil meiner Überzeugungskraft, meiner Motivation und meiner Begeisterung ist in dieses Buch eingeflossen.

Ich freue mich, wenn dieses Buch ein Meilenstein auf Ihrem Weg ist und Sie motiviert, Dinge anzupacken, die Sie bis jetzt haben liegen lassen. Ach übrigens, wollen Sie noch wissen, was ich studiert habe? Gerne: Kommunikationswissenschaften, Philosophie und Politik.

MIX
Papier aus verantwortungsvollen Quellen
Paper from responsible sources
FSC® C105338

If you have any concerns about our products,
you can contact us on
ProductSafety@springernature.com

In case Publisher is established outside the EU,
the EU authorized representative is:
Springer Nature Customer Service Center GmbH
Europaplatz 3, 69115 Heidelberg, Germany

Printed by Libri Plureos GmbH
in Hamburg, Germany